Gerhard Haffner wurde 1928 in Nürnberg geboren. Sein frühes Interesse an musikalischen Dingen (Klavier- und Orgelspiel, Gelegenheitskompositionen, Chorleitung) machte ein Musikstudium fast selbstverständlich. Er absolvierte es an der Staatlichen Hochschule für Musik in München mit den Hauptfächern Dirigieren und Klavier. 1951 wurde er musikalischer Assistent bei den ersten Bayreuther Festspielen nach dem Zweiten Weltkrieg; die Begegnung mit Wieland Wagners neuem Inszenierungsstil gab dabei einen entscheidenden Anstoß für die Beschäftigung mit Fragen der Operninterpretation, speziell auch mit dem »Problem Wagner«. Nach vier Jahren praktischer Theaterarbeit (als Kapellmeister und Schauspielkomponist) wurde Gerhard Haffner Musikkritiker der Münchner *Abendzeitung* und schließlich Musikredakteur beim Bayerischen Rundfunk. Er veröffentlichte mehrere Volksliederbücher.

D1718141

Von Gerhard Haffner ist außerdem
als Knaur-Taschenbuch erschienen:

»Die Wagner-Opern« (Band 3739)

Originalausgabe
© Droemersche Verlagsanstalt Th. Knaur Nachf. München 1984
Redaktion Dr. Brigitte Mudrak-Trost
Umschlaggestaltung H & M Höpfner-Thoma
Satz C. H. Beck'sche Buchdruckerei, Nördlingen
Druck und Bindung Ebner Ulm
Printed in Germany · 1 · 7 · 984
ISBN 3-426-03737-8

1. Auflage

Gerhard Haffner:
Die Puccini-Opern

Mit zahlreichen Abbildungen

ISBN 3-426-03737-8   980

Inhalt

»Ich quäle mich redlich«
Giacomo Puccinis Leben und Schaffen

Es gibt eine Menge Fotografien von Giacomo Puccini – zweifellos gehörte er zu den am meisten abgelichteten Persönlichkeiten seiner Zeit. Viele seiner Porträts scheinen einen Poseur zu verraten: Sie zeigen ihn im modischen Straßenanzug, als stolzen Autobesitzer, in rustikaler Jägermontur oder lässig an den Flügel gelehnt mit übergeschlagenem Bein (das linke Knie auf den Tasten ruhend) – häufig mit der unvermeidlichen Zigarette im Mundwinkel. Will man dem Eindruck dieser Bilder glauben, dann müßte auch jene Meinung über Puccini zutreffen, die der Berliner Dramaturg Julius Kapp in seinem seinerzeit viel gelesenen »Opernbuch« äußerte. Er hielt Puccinis Musik für »innerlich unwahr, indem sie mit den leichtbeschwingten, gefälligen Mitteln der Operette große Tragödie vorzutäuschen sucht. Ihr fehlt jeder innere Zusammenhang mit der gestalteten Situation.« Kapp monierte auch »die einschmeichelnde Nebeneinanderstellung kleiner Bildchen, Stimmungen und Begebenheiten, die ... süßlich und unwahr wird bei Gefühlsausbrüchen und ganz verlogen-theatralisch sich gebärdet bei dramatischen Höhepunkten.«[1]
»Leichtbeschwingt«, »unwahr«, »ganz verlogen« – sollten so die Opern sein, die seit Jahrzehnten zum festen Bestand aller Musiktheater der Welt gehören, die das Publikum unvermindert in ihren Bann ziehen und mit denen sich heute die berühmtesten Sänger und die größten Dirigenten identifizieren? Sollten sich Millionen auf die Dauer gesehen so täuschen lassen? Das überzeugt nicht, denn zu Puccinis Verehrern gehören doch nicht nur unkritische, für sentimentale Effekte empfängliche Geister. Mit Sicherheit gilt für die Wirkung Puccinis auch heute noch, was Antonio Gramola, der Kritiker der bedeutenden italienischen Zeitung »Corriere della Sera« am

Tag nach der Uraufführung von Puccinis erster Oper *Le Villi* (31. Mai 1884) schrieb: »In der Musik des jungen Maestro aus Lucca verrät sich Kühnheit der Erfindung, gibt es Stellen, die zu Herzen gehen, weil sie von Herzen kommen.«[2] Genau darin liegt Puccinis Erfolgsgeheimnis. Da wird nichts vorgetäuscht – am allerwenigsten bei einem Künstler, der auch als Mensch seine Karten auf den Tisch legte, der sich über seine Empfindungen nichts vormachte und der seine Gedanken, Hoffnungen und Verzweiflungen der Umwelt offenbarte und aufbürdete. Wer meint, Puccini treibe ein falsches Spiel mit seiner Musik, der mißt nur nach musikästhetischen Maßstäben, und die geben – nicht nur bei Puccini – ein schiefes Bild. Denn sie kommen nicht »von Herzen«, sondern gehen auf intellektuelle Überlegungen zurück. Mit ihnen freilich hatte Puccini wenig zu schaffen, er fühlte sich von Anfang an als Musiker, und das zunächst noch nicht einmal mit Begeisterung.

Jugend in Lucca

Giacomo (mit den weiteren Vornamen Antonio Domenico Michele Secondo Maria) Puccini wurde am 22. Dezember 1858 in Lucca geboren. Die Stadt in der Toscana hatte damals rund 20000 Einwohner (heute sind es an die 90000) und eine reiche Geschichte, wovon die vielen Paläste und Kirchen mit einer Fülle von Gemälden und Skulpturen Zeugnis ablegen. Vor allem aber haben dort die Puccinis eine Rolle gespielt, und zwar seit Beginn des 18. Jahrhunderts. Vier Generationen lang taten sie sich als angesehene Musiker hervor, und Giacomo sollte als erster Sohn nach sechs Töchtern diese Tradition fortführen (ein zweiter Sohn Michele wurde drei Monate nach dem Tod des Vaters geboren). Obwohl Giacomo kaum hatte erkennen lassen, daß er sich für die Musik interessierte,

Puccini um 1900

8

kümmerte sich seine Mutter, Albina Puccini, zielstrebig um seine musikalische Ausbildung. Sie ließ ihn von ihrem Bruder, Fortunato Magi, unterrichten, doch der konnte ihm mit seinen etwas rüden erzieherischen Methoden offenbar nicht viel beibringen. Er erklärte seiner Schwester bald unumwunden, daß ihr Sohn hoffnungslos unbegabt sei. Das konnte der ehrgeizigen und hartnäckigen Mutter nicht einleuchten, und so ließ sie Giacomo im Institut Pacini einschreiben, dem Luccheser Konservatorium (an dem Jahrzehnte vorher schon Luigi Boccherini studiert hatte). In Carlo Angeloni fand er hier einen idealen Lehrer. Er weckte in ihm das Verständnis für Verdis Opern, nahm ihn mit auf die Jagd (Puccinis spätere Begeisterung hierfür geht sicher auf diese Ausflüge zurück) und scheint auch Verständnis dafür gehabt zu haben, daß der junge Mann nicht nur musikalische Studien, sondern auch hübsche Mädchen und alle möglichen Streiche im Kopf hatte. Wenn man der Überlieferung glauben darf, rauchte Giacomo schon damals regelmäßig, spielte in Tanzlokalen auf und stiftete seine Freunde an, Orgelpfeifen zu stehlen, um sie beim Trödler zu Geld zu machen. Er selbst mußte dann beim Orgelspielen sehr geschickt improvisieren, um jene Töne zu vermeiden, deren Pfeifen nicht mehr vorhanden waren.

Das mögen Legenden sein – als Tatsache aus jenen Tagen bleibt festzuhalten, daß Puccini 1876 mit zwei Freunden nach Pisa wanderte (das bedeutete einen siebenstündigen Fußmarsch), um dort eine Aufführung von Verdis *Aida* zu erleben. Der Abend machte einen unvergeßlichen Eindruck auf ihn. Später erinnerte er sich daran: »Als ich in Pisa die *Aida* hörte, spürte ich, daß sich mir in der Musik ein Fenster aufgetan hatte.«[3] Das Fenster öffnete ihm den entscheidenden Blick auf die Opernbühne, was ihn natürlich nicht hinderte, zuerst einmal mit weniger aufwendigen Werken von sich reden zu machen: 1876 mit einem *Preludio sinfonico* für Orchester, 1877 mit einer Komposition über einen patriotischen Text »I Figlia d' Italia Bella« für einen Wettbewerb (das Werk wur-

Die Mutter, Albina Magi-Puccini

de nicht zuletzt wegen seiner fast unleserlichen Notenschrift zurückgewiesen) und 1878 mit einer Motette, die er 1880 in seine Messe in As-Dur einfügte – als Examensarbeit des Konservatoriums. Ihre Aufführung fand allgemeinen Beifall, selbst die kritische Anmerkung von Puccinis Lehrer Angeloni, die Musik sei zu theatralisch, läßt sich im Hinblick auf Puccinis Opernzukunft durchaus positiv werten. Nimmt man noch ein paar kleinere Kompositionen aus jenen Jahren dazu, dann war an Puccinis außerordentlicher Begabung für die Musik nicht mehr zu zweifeln. Er hätte jetzt, nach dem erfolgreichen Abschluß am Institut Pacini, ohne weiteres den Posten des Domorganisten in Lucca antreten können. Aber er selbst und seine Mutter ahnten, daß mehr in ihm steckte. So zog es ihn weg von dem im ganzen doch provinziellen Lucca dorthin, wo Musik nach weltstädtischen Maßstäben betrieben wurde: nach Mailand. Das Konservatorium hier hatte einen glänzenden Ruf, die besten Musiker des Landes unterrichteten hier, in der »Scala« besaß die Stadt ein weltberühmtes Opernhaus, das Mailänder Musikleben stand also in üppigster Blüte: die Hauptstadt der Lombardei war die musikalische Hauptstadt Italiens.

Nur eines stand der Übersiedlung nach Mailand im Wege: das Geld. Die Familie Puccini konnte auf Giacomos Einkünfte als Organist und aus anderen musikalischen Betätigungen nicht verzichten, noch weniger reichten die Mittel, ihm ein mehrjähriges Studium in Mailand zu finanzieren. Wieder war es seine Mutter, die alles tat, um Giacomos große Zukunft, an die sie unerschütterlich glaubte, zu sichern. Kurzentschlossen wandte sie sich auf Anraten einer ihr bekannten Hofdame an die italienische Königin Margherita mit der Bitte um ein Stipendium, wobei sie sehr geschickt schlagende Argumente ins Feld führte, u. a.: »Seit fünf Generationen bilden die Puccinis eine Dynastie von Musikern, und wenn Giacomo die Gelegenheit dazu erhält, wird er diese ruhmreiche Tradition fortführen … Wollen Sie also in ihrer unendlichen Großmut einer armen Mutter und ihrem begabten Sohn zu Hilfe kommen?«[4] Tatsächlich erbrachte das Gesuch eine monatliche Zuwendung von 100 Lire, die durch regelmäßige Zuschüsse eines Vetters von Giacomos Vater, einem Arzt namens Nicolao Cerù, aufgestockt werden konnten. So traf Puccini im Herbst 1880 in Mailand ein.

Studium und frühe Erfolge

Mit seinen 22 Jahren war Giacomo Puccini älter, als es die Statuten des Mailänder Konservatoriums zuließen. Doch darüber machte er sich keine allzu großen Gedanken. Im November 1880 schrieb er an die Mutter in Lucca: »Ich glaube, daß man mich nehmen wird, weil ich die besten Noten habe, und ich hoffe, daß sie über mein Alter hinwegsehen werden.« Lakonisch fügte er hinzu: »Die Prüfung war lächerlich einfach.«[5] Er fühlte sich den Anforderungen der berühmten Musikschule also gewachsen – was ihm sein Kompositionslehrer bald bestätigen sollte. Es war der Komponist Amilcare Ponchielli, bekannt geworden durch seine Oper *La Gioconda* (der »Tanz der Stunden« ist bis heute ein Evergreen geblieben). Er wurde zu einem wirklichen Freund für Puccini und brachte ihm nicht nur eine Menge bei, sondern machte ihn auch mit den prominentesten Persönlichkeiten des Mailänder Musiklebens bekannt.

Wie Puccini seine Tage in jener Zeit zubrachte, wissen wir aus einem undatierten Brief an die Mutter: »Morgens stehe ich um ½ 9 auf. Wenn ich Unterricht habe, gehe ich aus. Andernfalls übe ich ein bißchen Klavier, nicht sehr lange, aber üben muß ich ... Das geht so bis ½ 11, dann mache ich eine Frühstückspause, dann gehe ich fort. Um eins gehe ich nach Hause und erteile ein paar Stunden. Dann zwischen drei und fünf schaue ich am Klavier ein wenig die klassische Musikliteratur durch ... Um fünf gehe ich zu einer frugalen Mahlzeit (frugal, aber ausgiebig) und esse eine dicke Suppe nach Mailänder Art, die, um die Wahrheit zu sagen, recht gut ist. Davon esse ich drei Teller, dann noch etwas anderes, was satt macht: ein Stückchen Käse mit ›Maden‹ und dazu einen halben Liter Wein. Danach stecke ich mir eine Zigarre an und gehe in die Galleria, um dort wie üblich herumzuschlendern. Dort bleibe ich bis neun und komme todmüde nach Hause. Daheim treibe ich noch etwas Kontrapunkt ... Dann lege ich mich zu Bett und lese noch sieben oder acht Seiten in einem Roman. Da hast Du mein Leben!«[6]

Schon dieser frühe Brief gibt Auskunft über Puccinis auch fortan gültige Lebens- und Arbeitsweise. »Ein bißchen«, »nicht sehr lange«, »ein wenig« – solche Anmerkungen verraten einen eher legeren Umgang mit allen Dingen, ebenso, daß er das Romanlesen, das Zigarrenrauchen und das Flanieren als offenbar notwendigen Teil seines damaligen Daseins betrachtete. Und seine Werke bewiesen es später ja auch: Sie kommen aus dem Leben, ihre Probleme sind die des Alltags, des Menschlich-Allzumenschlichen. Puccini wurde nie von einer subjektiven Idee inspiriert, für die er sich einen passenden Stoff suchte und zurechtmachte (wie etwa Wagner), sondern er reagierte auf Geschichten, die das Leben schrieb (oder die es hätte schreiben können) und denen er mit seiner Musik eine allgemein gültige Gestalt gab. Zumindest seine Mailänder Studienjahre, seine Vorliebe für gutes Essen und hübsche Mädchen, seine Armut (einmal versetzte er einen Mantel, um mit einer Freundin ausgehen zu können): All das schlug sich später in der Oper *La Bohème* glaubwürdig und eindrucksvoll nieder.

1883 machte Giacomo Puccini sein Examen mit ausgezeichnetem Ergebnis. Als Prüfungsarbeit reichte er ein *Capriccio sinfonico* ein, das am 14. Juli 1883 öffentlich aufgeführt und von der Presse hoch gelobt wurde. In der Zeitung »Perseveranza« war am nächsten Tag zu lesen: »In Puccini steckt ein entschiedenes und sehr ungewöhnliches musikalisches Temperament, insbesondere als Sinfoniker ... Die vorherrschende Stimmung ist heftig, kühn, ja fast disharmonisch, aber man kann das alles gelten lassen.«[7] (Das Anfangsthema der *Bohème* ist übrigens notengetreu diesem *Capriccio sinfonico* entnommen.) Neben seinem Kompositionsdiplom bekam Puccini für seine Leistungen eine Bronzemedaille überreicht. Doch was brachte das schon. Er mußte jetzt sehen, wie er seinen Erfolg zu Geld machen konnte.

Die ersten Opern

Es war Amilcare Ponchielli, der Puccini zu seiner ersten Oper verhalf. Der Musikverlag Sonzogno hatte einen Wettbewerb für Opern-Einakter ausgeschrieben, Ponchielli ermunterte Puccini, daran teilzunehmen, und sorgte dafür, daß der Schriftsteller und Kritiker Fernando Fontana bereit war, das Textbuch zu schreiben. Man einigte sich auf einen Stoff mit dem Titel »Le Villi« (»Die Willis«) – eine Sage, die im Schwarzwald spielt und vom Fluch der Untreue erzählt. Puccini hatte gerade fünf Monate Zeit für die Komposition, am 31. Dezember 1883 war der Ablieferungstermin. Acht Wochen später kam das niederschmetternde Ergebnis: Die Preise gingen an zwei mittelmäßige Komponisten, Puccinis Einakter wurde kommentarlos zurückgeschickt – wegen Puccinis miserabler Notenschrift hatten sich die Juroren (obwohl unter ihnen auch Ponchielli war) mit dem Werk offenbar gar nicht weiter befaßt.

Dies tat jetzt um so energischer Fernando Fontana: Er organisierte eine Privataufführung der Oper (Sänger am Flügel war Puccini selbst) im Haus des reichen Kunstliebhabers Marco Sala, an der auch Arrigo Boito, Musiker, Literat und Kritiker in einer Person, teilnahm (er komponierte die Oper *Mefistofele* und schrieb den Text zu Verdis *Othello* und *Falstaff*). Boito fand Gefallen an *Le Villi* und setzte eine Aufführung im Mailänder Teatro dal Verme durch. Sie fand am 31. Mai 1884 statt und wurde ein sensationeller Erfolg: »Puccini zu den Sternen. Begeisterung bei *Le Villi*! Beifall von allen Seiten« hieß es am nächsten Tag in der »Perseveranza« und in der Zeitung »Italia«: ». . . ein kleines, kostbares Meisterwerk vom ersten bis zum letzten Ton«. Der Kritiker des »Corriere della

Sera« meinte, »nicht die Arbeit eines jungen Studenten, sondern das Werk eines Bizet oder Massenet zu hören«.[8] Solches Lob tat Puccini natürlich gut, aber für seine Zukunft war noch wichtiger, daß der große Musikverlag Ricordi die Aufführungsrechte an *Le Villi* erwarb, vielleicht sogar, um der Sonzogno-Konkurrenz eins auszuwischen. Puccini und Fontana bekamen gleichzeitig den Auftrag, für Ricordi eine weitere Oper zu schreiben, was Puccini ein monatliches Einkommen von 200 Lire sicherte, solange er an dem Werk arbeitete.

Der Komponist war zu einer Größe im italienischen Musikleben geworden, auf die man zählen konnte. Auch Giuseppe Verdi, der Nestor der italienischen Oper und der erfolgreichste Musiker im Hause Ricordi, nahm Notiz von Puccinis erster Oper. In einem Brief an seinen Freund Opprandino Arrivabene vom 10. Juni 1884 äußerte er sich erstaunlich zutreffend über seinen jungen Kollegen: »Er folgt den modernen Tendenzen, und das ist natürlich, aber er bleibt der Melodie verbunden, die weder modern noch alt ist. Es scheint jedoch, daß das sinfonische Element überwiegt. Nichts Schlimmes. Nur muß man damit vorsichtig umgehen. Oper ist Oper, Sinfonie ist Sinfonie, und ich halte es nicht für gut, ein sinfonisches Stück nur zum Spaß in eine Oper einzufügen, damit das Orchester richtig loslegen kann.«[9]

Wenige Wochen nach der Uraufführung von *Le Villi* starb Puccinis Mutter, ihr Tod überschattete die folgenden Monate, die den jungen Komponisten zu erheblichen Aktivitäten zwangen. Vor allem sollte auf Wunsch des Verlegers Giulio Ricordi die Oper auf zwei Akte ausgedehnt und in dieser Fassung in Turin und an der Mailänder Scala aufgeführt werden. Puccini stürzte sich in die Arbeit und erlebte am 26. Dezember 1884 in Turin ein begeistertes, am 24. Januar 1885 in Mailand ein gleichgültiges Publikum.

Ende 1884 lernte er in Lucca, wohin er immer wieder zurückkehrte, Elvira Bonturi-Gemignani kennen, seine spätere Frau. Die beginnende Liebe der beiden ließ sich nicht ganz so unbe-

Giulio Ricordi

schwert an, wie man sich das in solchen Tagen wünschen möchte. Elvira nämlich war verheiratet mit dem Kaufmann Narciso Gemignani, der Puccini gebeten hatte, seiner Frau Klavierunterricht zu geben. Da er selbst viel auf Geschäftsreisen war, hatten Elvira und Giacomo reichlich Gelegenheit, die gegenseitigen Sympathien zu kultivieren: Es wurde ihnen klar, daß sie füreinander bestimmt waren (was sich später jedoch als grundlegender Irrtum erweisen sollte). Als Elvira 1886 ein Kind von Puccini erwartete, verließ sie Lucca und ihre Familie (die Tochter Fosca nahm sie mit) im Sommer dieses Jahres, um zu Puccini nach Mailand zu ziehen. Von dort ging's bald nach Monza, wo am 23. Dezember Antonio geboren wurde, Puccinis Sohn.

Natürlich hatte die Affäre in Lucca viel Staub aufgewirbelt, man war schockiert, und Puccinis Schwestern konnten sich das Ganze nur so erklären, daß Giacomo von Elvira verführt worden sei (womit sie sicher nicht ganz unrecht hatten). Jedenfalls konnten die Verliebten beim besten Willen nicht mehr in Lucca bleiben. Aber auch in Mailand ging das nicht, weil Puccinis Einkünfte bei weitem nicht ausreichten, um eine vierköpfige Familie zu ernähren. So verbrachten Elvira und die beiden Kinder die meiste Zeit in Florenz bei Elviras Mutter oder ihren Schwestern, während Puccini in Mailand seiner Arbeit nachging. Er schrieb an der von Ricordi bestellten zweiten Oper. Fontana hatte ihm *Edgar* angeboten, ein Libretto nach dem Drama »Le coupe et les lèvres« des französischen Dichters Alfred de Musset. Es entsprach zwar nicht ganz Puccinis Vorstellungen, aber schließlich war er auf Erfolg und Geld angewiesen. Zu alledem kümmerte er sich noch um seinen Bruder Michele, dessen Zukunft damals alles andere als gesichert war (er ging später nach Südamerika, und Puccini selbst spielte, als ihm 1890 das Wasser bis zum Hals stand, mit dem Gedanken, ihm nach Buenos Aires zu folgen). Kurzum: Die Komposition des *Edgar* wurde eine mühselige Aufgabe, die dann nicht einmal Gewinn brachte. Die Uraufführung am 21. April 1889 an der Mailänder Scala fand nicht den erhofften Erfolg. Die Wochenzeitschrift »Illustrazione italiana« meinte am 28. April 1889 mit vorsichtigem Optimismus: »Allerdings hätten wir uns nach den *Villi* mit ihrer Fülle musikalischer Einfälle mehr erwartet als diesen etwas schwächlichen *Edgar*. Dennoch reichen die Schönheiten der neuen Partitur, auch wenn sie nicht die ganze Spannweite von Puccinis Talent zeigen, aus, um seinen Rang als Meister zu bestätigen.«[10] Das wahr wohlgemeint, brachte aber nichts: Nach zwei Vorstellungen verschwand der *Edgar* fürs erste vom Spielplan der Mailänder Scala. Um ein Haar hätte dies Puccinis Zukunft völlig in Frage gestellt. Denn im Verlag wurde Giulio Ricordi vorgeworfen, er habe doch wohl aufs falsche Pferd gesetzt, die Vorschüsse für den Komponisten seien zum Fenster hinausgeworfen, das müsse jetzt ein Ende haben. Nur Ricordis entschiedenes Eintreten für Puccini sicherten auch weiterhin die finanziellen Zuwendungen des Verlags.

Der Durchbruch

Puccini wußte es Giulio Ricordi zu danken. Am 19. Juli 1889 schrieb er ihm aus Pizzameglio bei Chiasso: »Die einzige Person, die mir Zutrauen einflößt und der ich alles, was mir durch den Kopf geht, anvertrauen kann, sind Sie, der Sie mir mit so vielen Beweisen gezeigt haben, welches Wohlwollen und welch unverdientes Vertrauen Sie mir entgegenbringen.«[11] Bald sollte dieses Vertrauen nicht mehr unverdient sein. Nicht lange nach der unbefriedigenden Edgar-Premiere hatte Puccini den Verleger gebeten, sich um die Rechte an dem erfolgreichen Drama »Tosca« von Victorien Sardou zu bemühen (mit der Titelpartie hatte Sarah Bernhardt Triumphe gefeiert). Aber Sardou winkte ab, vermutlich war ihm sein mit so viel Begeisterung aufgenommenes Stück zu schade für einen noch kaum bekannten Komponisten (Jahre später war er sofort einverstanden). Puccini entschied sich dann für den Roman »Histoire du Chevalier Des Grieux et de Manon

Lescaut« des Abbé Antoine-François Prévost d'Exiles. Der Stoff war zwar schon 1884 durch den französischen Komponisten Jules Massenet auf die Opernbühne gebracht worden, aber das störte Puccini nicht. »Massenet empfindet als Franzose, mit Puder und Quaste«, sagte er, »ich als Italiener spüre die rasende Leidenschaft darin.«[12] Als Textdichter hatte Giulio Ricordi Ruggiero Leoncavallo vorgeschlagen (er wurde 1892 mit seiner Oper *Der Bajazzo* weltberühmt), aber die Zusammenarbeit kam über die ersten Anfänge nicht hinaus. Puccini war kritischer geworden und beteiligte sich intensiv an der Gestaltung des Librettos (schon damals gab es Kontakte zu dem renommierten Bühnendichter Giuseppe Giacosa, mit dem es bald zu einer erfolgreichen Zusammenarbeit kommen sollte). Da Puccini mit Leoncavallo nicht zurechtkam, wandte er sich an seinen Freund Marco Praga, der das Szenarium für *Manon Lescaut* entwarf und die erste Textfassung erstellte. Dann wurde noch der junge Schriftsteller Domenico Oliva hinzugezogen. Als Puccini ans Komponieren ging, hatte er am Textbuch doch wieder einiges auszusetzen. Praga und Oliva waren beleidigt und kündigten die Mitarbeit auf. So kam schließlich als vierter Luigi Illica dazu, der mit seiner reichen Bühnenerfahrung wichtige Anregungen geben konnte. Freilich gab's auch mit ihm bald Auseinandersetzungen, und nur wenige Wochen vor der Uraufführung beklagte sich Illica bitter bei Giulio Ricordi: »Puccini ist mit mir in einer Weise umgesprungen, für die ich überhaupt keine Worte finde. Wenn auch kleinlicher Klatsch mit Kunst nichts zu tun hat, so erlauben Sie mir doch zu sagen, daß Sie und ich einen großen Fehler begangen haben, wenn wir uns das Gehirn zermartert haben wegen eines neuen Stoffs für Puccini.«[13]

Wie auch immer: Die Manon-Partitur wurde im Oktober 1892 fertig, die Oper am 1. Februar 1893 im Teatro Regio in Turin uraufgeführt – mit unbeschreiblichem Erfolg. An die vierzigmal mußte sich Puccini nach der Vorstellung verbeugen, Prinzessin Letizia bat ihn in die Königsloge, um ihm persönlich zu gratulieren, und Giulio Gatti-Carazza, der nachmalige Direktor der Metropolitan Opera in New York, erinnerte sich später daran, daß Puccini an diesem Abend zu ihm sagte: »Jetzt habe ich's, glaube ich, geschafft. Ich glaube, ich verstehe etwas von der Opernbühne. Jetzt bin ich sicher, daß letzten Endes alles gut wird.«[14] Und die Kritiken am nächsten Tag gaben ihm recht. Die »Gazetta del Popolo« stellte fest: »In *Manon* zeigt Puccini, wer er ist: einer der begabtesten, wenn nicht der begabteste überhaupt unter den jungen italienischen Opernkomponisten.«[15] Ein »italienisches Genie« nannte Giovanni Pozza den Komponisten der *Manon* im »Corriere della Sera«, und der Kritiker der »Perseveranza« gab unumwunden zu: »Ich habe noch selten einen so wichtigen Abend wie den gestrigen erlebt.«[16]

Hoffnungen

Nach dem Manon-Erfolg änderte sich einiges in Puccinis Leben. Nun war er jemand, sein Name fand internationale Beachtung, *Manon* wurde an ausländischen Bühnen gegeben, und vor allem: Nun hatte er Geld. Damit erfüllte er sich einen Wunsch, den er schon lange mit sich herumgetragen hatte – eine Wohnung auf dem Land, abseits der Großstädte, nah an der Natur. Er kaufte sich ein Haus in Torre del Lago, einem Dorf in der Nähe Luccas. Hier war, so hoffte er, für Berufliches und Privates in gleichem Maße gesorgt. Hier hatte er die notwendige Ruhe zum Komponieren, hier konnte er jagen und fischen, aber auch mit Freunden Feste feiern. Man traf sich bald regelmäßig in einem alten Wirtshaus, das Puccini dazugekauft hatte, und gründete den »Bohème-Klub« – ordentlicherweise mit festgelegten Statuten. Darin verpflichteten sich die Mitglieder etwa, gut zu trinken und noch besser zu essen, außerdem Nörgler, Pedanten und Zimperliche nicht aufzunehmen oder sie notfalls hinauszuwerfen. Dazu herrschte Schweigeverbot – man kann sich vorstellen, wie's da gelegentlich zugegangen ist.

Der Name »Bohème-Klub« kam nicht von ungefähr. Denn in

jenen Tagen hatte Puccini bereits einen neuen Opernstoff für sich entdeckt: den Roman »Scenes de la vie de Bohème« von Henri Murger. Die Entscheidung für dieses Sujet lag schon einige Zeit zurück, und Puccini hatte sich auch schon nach geeigneten Textdichtern umgesehen. Es waren Luigi Illica und dann Giuseppe Giacosa, der als ebenso angesehener wie versierter Dramatiker alle möglichen Verbindungen zu wichtigen Leuten der literarischen Szene Italiens mitbrachte, was natürlich sehr von Nutzen sein konnte. Wie bei *Manon Lescaut* kam auch hier wieder der Verleger Giulio Ricordi dazu, dessen Ratschläge kein unwesentlicher Faktor in der Bohème-Vorgeschichte waren. Die Entstehung der Oper führte übrigens zum Bruch mit Ruggiero Leoncavallo, der ebenfalls an einer Bohème-Oper arbeitete. Durch den Erfolg seiner 1892 uraufgeführten Oper *Der Bajazzo* war er mit einem Schlag berühmt geworden und konnte nun für Puccini ein durchaus ernst zu nehmender Konkurrent werden. Beide versuchten, in öffentlichen Erklärungen ihre Prioritätsrechte an dem Bohème-Stoff geltend zu machen, wobei Puccini sicher den vernünftigsten Standpunkt einnahm. An den Herausgeber des »Corriere della Sera« schrieb er am 21. März 1893 u. a.: »Hätte Maestro Leoncavallo, dem ich längere Zeit äußerst freundschaftlich verbunden war, mir bereits früher gesagt, was er mich erst vorgestern abend wissen ließ, dann hätte ich Murgers ›Bohème‹ niemals als Sujet in Betracht gezogen ... Außerdem: Was macht das Maestro Leoncavallo schon aus? Soll er seine Musik schreiben, und ich schreibe meine. Das Publikum wird entscheiden.«[17] Es hat ja dann auch entschieden – und zwar zugunsten Puccinis.

Vorerst allerdings war dies noch nicht abzusehen. Die Arbeit an der *Bohème* entwickelte sich gelegentlich zu recht handfesten Auseinandersetzungen mit den Autoren – nicht zuletzt deshalb, weil Puccini immer wieder sehr konkrete Wünsche zur Textfassung äußerte, Änderungen veranlaßte und sich

Puccini, Luigi Illica und Giuseppe Giacosa während der Entstehungszeit von *La Bohème*

gegen entsprechende Einwände – vor allem von seiten Illicas –
wehren mußte: »Ich soll mit geschlossenen Augen das Evan-
gelium Illica annehmen?« fragte er in einem Brief an Ricordi
aus Torre del Lago im Herbst 1894.[18] Hinzu kam, daß Puccini
viel auf Reisen war, um die verschiedenen Premieren von
Manon Lescaut zu besuchen, und manchmal fast den Eindruck erweckte, als sei er an der *Bohème* gar nicht mehr so
interessiert. Es ging also lebhaft hin und her, bis die Uraufführung der *Bohème* für den 1. Februar 1896 im Teatro Regio
in Turin festgesetzt werden konnte – drei Jahre nach dem
sensationellen Erscheinen der *Manon Lescaut* im gleichen
Haus.

Es geht nicht alles nach Wunsch

Die Uraufführung von *La Bohème* war publizistisch glänzend
vorbereitet und durch ausführliche Presseberichte und attraktive Plakate als außergewöhnliche Galavorstellung angekündigt worden. Sie wurde trotzdem ein Mißerfolg. Daran änderte auch nichts, daß der damals noch kaum bekannte, von Puccini aber mit vollem Recht als »außerordentlich« bezeichnete
Arturo Toscanini die musikalische Leitung hatte. Die erwartete Begeisterung des Publikums blieb aus, die Besucher unterhielten sich während der Vorstellung und quittierten sie gerade noch mit höflichem Applaus. Da auch die Pressestimmen
sehr kritisch mit dem Werk umgingen, war Puccini so ziemlich am Boden zerstört. Allerdings glaubte er auch zu wissen,
daß weniger die Qualität seiner Musik an dem Dilemma
schuld war als vielmehr der Neid. Seinem Biografen Alfredo
Fraccaroli gegenüber sprach er später von »Feindseligkeiten
gewisser Leute«, die eine Einschüchterungskampagne geführt
hätten. »Sie hatten es fertiggebracht, daß das Publikum nicht
mehr so dringend einen neuerlichen Erfolg wünschte. Es gab
viele Leute, die ungeduldig darauf warteten, sich gut zu un-
terhalten und dann zu applaudieren, die aber nicht zeigten,

daß es ihnen gefallen hatte, weil sie fürchteten, man könne sie für naiv halten oder leicht zufriedenstellen. Und andere Leute hofften, einen Eklat mitzuerleben oder wenigstens einen halben Durchfall.«[19]

Eines sei festgehalten: Wieder stand in *La Bohème* eine Frauengestalt im Mittelpunkt der Handlung. Manon und Mimi – beide sind »Heldinnen«, wie sie auf der Opernbühne bislang die Ausnahme waren: leidend, zerbrechlich, Mitgefühl fordernd. Es wird noch mehr solche Frauen geben in Puccinis Werken, und das nicht zufällig. Er selbst war ja kein »Held«, er hatte – beispielsweise – nicht den Ehrgeiz eines Gluck oder eines Wagner, in der Entwicklung der Oper neue Weichen zu stellen, er wollte nicht reformieren oder zu neuen Ufern vorstoßen. Der Mensch Puccini war sensibel, unsicher und auch ein bißchen bequem, für eine Opernrevolution also nicht unbedingt geschaffen. Da liegt es auf der Hand, daß er von Stoffen angezogen wurde, deren Akteure seinem eigenen Wesen entsprachen.

Die erste Ausnahme freilich sollte schon auf die *Bohème* folgen. Puccini hatte sich ja schon Jahre früher erfolglos um die »Tosca« von Victorien Sardou bemüht. Noch während der Arbeit an *La Bohème* griff er die Idee wieder auf – vielleicht deshalb, weil ihm zu Ohren gekommen war, Giuseppe Verdi habe sich begeistert über den Stoff geäußert und bedauert, ihn wegen seines Alters nicht mehr vertonen zu können. Puccini fühlte sich da – sozusagen als designierter Verdi-Nachfolger – auf den Plan gerufen. Die Opernrechte an der *Tosca* waren inzwischen von dem Komponisten Alberto Franchetti erworben worden, für den Luigi Illica bereits ein Libretto ausarbeitete. Da sich Franchetti zum Verzicht überreden ließ, war nun der Weg für Puccinis *Tosca* frei. Als er im April 1898 nach Paris fuhr, um dort die französische Erstaufführung der *Bohème* zu überwachen – sie fand am 13. Juni statt –, hatte er Gelegenheit, mit Sardou eingehend über die neue Oper zu diskutieren.

Über zweieinhalb Monate verbrachte Puccini in Paris, und er war alles andere als glücklich darüber. Bereits nach vier Wochen schrieb er seinem Freund Alfredo Caselli nach Lucca: »Ich hasse das Pflaster! Ich hasse die Paläste! Ich hasse die Kapitelle! Ich hasse die Säulen! ... Ich liebe die Amsel, die Grasmücke und den Specht. Ich hasse das Pferd, die Katze, den Spatz auf den Dächern und den Luxushund. Ich hasse Dampfschiffe, Zylinderhüte und Fräcke.«[20] Über solche Depressionen mag Puccini der Pariser Erfolg der *Bohème* hinweggeholfen haben – der Arbeit an der *Tosca* konnte das alles nicht sehr förderlich sein. Auch um ihretwillen wollte er weg von Paris. So fand er erst wieder in Italien den nötigen Auftrieb, den das neue Projekt erforderte. Das Libretto von Illica und Giacosa lag längst vor, und um mit der Komposition rasch und ohne Ablenkungen durch Freunde oder Jagdausflüge weiterzukommen, verzog er sich nach Mosagrati, einem kleinen Dorf in der Nähe Luccas, wo einer seiner Freunde, der Marchese Raffaello Mansi, eine Villa besaß. Für Puccini bedeutete der weltabgeschiedene Ort einen idealen Platz, die Familie dagegen litt darunter. Sie war völlig auf sich selbst angewiesen, kaum ein Mensch ließ sich in dieser Einöde blicken, und da Puccini wegen der Hitze vorwiegend nachts arbeitete, war mit ihm so gut wie nicht zu rechnen. Kein Wunder, daß sich langsam, aber sicher zwischen Elvira und Giacomo eine Entfremdung anbahnte, die dann später so dramatische Folgen haben sollte.

Mit der *Tosca* jedenfalls ging's voran, und am 29. September 1899 konnte Puccini die Partitur abschließen. Die Uraufführung am 14. Januar 1900 in Rom wurde zwar ein Erfolg, aber kein Triumph. Politische Umtriebe, auch Gerüchte um Machenschaften von möglichen Gegnern Puccinis, und sogar die Androhung von Bombenanschlägen während der Vorstellung schufen nicht gerade die besten Voraussetzungen für einen festlichen Opernabend. Das Presseecho tat ein übriges: Man kritisierte, das Werk enthalte zuviel Gewalt und zuwenig Poesie, und befand, der Stoff entspreche nicht dem Naturell des Komponisten. Nach *La Bohème* (die inzwischen allerdings voll anerkannt war) nun also eine neue Enttäuschung für Puccini.

Puccini hatte es sich zur Gewohnheit gemacht, nach der Uraufführung einer seiner Opern die folgenden Premieren in
anderen Städten und Ländern zu besuchen, die Proben zu
verfolgen und die Wirkung auf ein anderes Publikum zu be-
obachten. Daß er auf diese Weise bereits so ziemlich alle
Opernhäuser Italiens kennengelernt hatte, versteht sich. Aber
er war auch schon viel im Ausland herumgekommen: in
Hamburg und Budapest, in Wien, Paris und Brüssel, in Manchester und London. Er reiste gern und genoß es, bestaunt
und gefeiert zu werden – auch, wenn ihm die feine Gesellschaft oft auf die Nerven ging und wenn er leicht in Verlegen-
heit zu bringen war. Jedenfalls brachten ihm seine Besuche in
den Metropolen die notwendigen Verschnaufpausen zwischen
den anstrengenden Etappen der kompositorischen Arbeit.

Ein knappes halbes Jahr nach der Tosca-Uraufführung in Rom
fuhr Puccini wieder nach London, um am 12. Juli 1900 die
dortige Erstaufführung des Werks mitzuerleben. Sie geriet
außerordentlich zufriedenstellend für ihn, er wurde während
seines über vier Wochen langen Aufenthalts zum Mittelpunkt
der High Society, und man riß sich geradezu um seine Gesellschaft. Er beherrschte zwar das Englische nur mangelhaft –
einmal gab er zu, nur die Zahlen von eins bis zehn zu kennen –, aber das konnte seiner Beliebtheit keinen Abbruch tun.
Der italienische Gesandte gab ein Galaessen für ihn, er war
Gast bei einem der berühmten Rothschilds, lernte Adelina
Patti kennen, die legendäre Sängerin, und ihre nicht weniger
berühmte Kollegin Nellie Melba. Sie erinnerte sich später:
»Er sprach nur ganz selten, und dann in kurzen Staccatosät-
zen, und dabei saß er schüchtern auf der Stuhlkante.«[21] Der
Erfolg hatte, so scheint es, Puccinis Wesen nicht sonderlich
verändert, denn Ähnliches hatte seinerzeit schon sein erster
Textdichter Fernando Fontana beobachtet und 1884 in der
Zeitschrift »Gazzetta musicale« veröffentlicht: »Ein gutausse-
hender Mann, der das einfache Leben liebt und eine Abnei-
gung gegen Salons hat.«[22]

Wichtiger als die Elogen seiner Londoner Verehrer wurde für Puccini ein Besuch des Duke of York's Theatre. Er sah dort zwei Stücke des amerikanischen Dramatikers und Regisseurs David Belasco: die Komödie »Naughty Anthony« und die Tragödie »Madame Butterfly«. Letztere war bereits 1898 als Kurzgeschichte von John Luther Long im »Century Magazine« erschienen und Puccini als möglicher Opernstoff empfohlen worden. Die rührende Story von der kleinen Japanerin, die von einem amerikanischen Offizier geheiratet und dann verlassen wird, hatte es ihm sofort angetan, obwohl er ja kaum ein englisches Wort verstand (was auf die Leistung der Schauspielerin Evelyn Millard schließen läßt). Nach der Vorstellung ging Puccini hinter die Bühne, umarmte den Autor begeistert und bat ihn um die Opernrechte an seinem Stück. Der war sofort bereit dazu, weil er einsah, daß es unmöglich ist, »mit einem impulsiven Italiener, der Tränen in den Augen und die Arme um deinen Hals geschlungen hat, über Geschäftliches zu reden«.[23] So jedenfalls berichtete Belasco später seinem Biografen William Winter – und schwindelte dabei wohl ein bißchen. Denn Puccinis Entschluß war, wie wir wissen, durchaus nicht so rasch gefaßt. Zu diesem Zeitpunkt nämlich hatte er sich schon länger mit den Abenteuern des »Tartarin von Tarascon« des französischen Dichters Alphonse Daudet beschäftigt. Auch an eine »Marie Antoinette« dachte er, und kurz wurden sogar »Die Weber« von Gerhart Hauptmann erwogen. Und am 20. November 1900 schrieb Puccini aus Torre del Lago an Ricordi in Mailand: »Unter den tausend Vorschlägen, mit denen man mich überschwemmt hat, habe ich nichts für mich Passendes gefunden ... Ich verzweifle und martere mein Herz – wenn wenigstens die Antwort aus New York käme.«[24] Damit war Belascos Zustimmung zur Bearbeitung seiner »Madame Butterfly« gemeint. Sie traf im April 1901 ein, und man kam rasch überein, daß das Libretto wieder von Illica und Giacosa erstellt werden sollte. Wie früher gab es auch jetzt Unstimmigkeiten, mal beklagte sich Giacosa über Puccinis dauernde Änderungswünsche und fühlte sich übergangen, mal nahm Puccini übel, weil es ihm zu langsam ging:

Eitel- und Empfindlichkeiten, die sich aber immer wieder aus der Welt schaffen ließen. Was die Arbeit an *Madame Butterfly* plötzlich stoppte, war ein viel gravierenderes Ereignis.

Der Unfall

Am 25. Februar 1903 hatte Puccini einen Termin bei einem Arzt in Lucca, um ihn wegen eines Halsleidens zu konsultieren, das ihm seit Jahr und Tag zu schaffen machte. Er ließ sich mit Elvira und Antonio hinchauffieren – seit einiger Zeit war er stolzer Besitzer eines Autos – und bestand darauf, noch am Abend trotz der Dunkelheit nach Torre del Lago zurückzufahren. In einer scharfen Kurve verlor der Chauffeur die Herrschaft über den Wagen, das Auto überschlug sich und stürzte fünf Meter tief in ein Feld. Rasch herbeigeeilte Helfer fanden Puccini bewußtlos unter dem Wagen. Die ärztliche Untersuchung ergab einen Bruch des rechten Beins und schwere Verletzungen am linken. Die Heilung gestaltete sich sehr schwierig und nahm ganze acht Monate in Anspruch – eine Zeit, die gerade bei einem Menschen wie Puccini zu erheblichen Depressionen führte. Immerhin konnte er im Juni wieder mehrere Stunden am Tag komponieren, auch ein Besuch in Paris zur dortigen Tosca-Premiere (13. Oktober 1903) wurde ihm ärztlicherseits gestattet. So konnte die Butterfly-Partitur erst am 27. Dezember fertiggestellt werden, die Uraufführung fand dann am 17. Februar 1904 an der Mailänder Scala statt. Trotz einschlägiger Erfahrungen hatte Puccini mit einem nicht gerechnet: Es wurde eine Niederlage, eine Katastrophe. Das Publikum kicherte und grunzte, es gab Gelächter, Zwischenrufe, und als ein Zugwind auf der Bühne den Kimono der Hauptdarstellerin Rosina Storchio aufblähte, rief einer: »Sie ist schwanger – von Toscanini«, was mit allgemeinem Gejohle quittiert wurde, weil jeder wußte, daß der Dirigent mit der Sängerin ein Verhältnis hatte. Nach dem Schluß der Vorstellung rührte sich keine Hand, es herrschte Grabesstille im Haus. Noch in derselben Nacht schrieb Puccinis Schwester Ramelde, die alles miterlebt hatte, an ihren Mann Raffaello Franceschini nach Lucca: »Was für ein widerliches, gemeines, flegelhaftes Publikum! Nicht ein einziges Zeichen der Achtung ... Ich weiß gar nicht, was ich Dir noch sagen soll, denn ich war so aufgeregt von dem Augenblick an, als es zu den ersten Mißfallensäußerungen kam. Mascagni und Giordano waren anwesend: Stell Dir ihr Vergnügen vor! ... Verflucht der Augenblick, als sie sich in den Kopf gesetzt hatten, die Oper in der Scala zu geben! Verflucht der Augenblick, als ich hingefahren bin ... Zum Teufel mit den Berufen, die vom Publikum abhängen. Sei froh, daß Du Steuereinnehmer bist.«[25] Wäre dies doch auch die Reaktion von Puccinis Frau Elvira gewesen, dann hätte er sein Unglück leichter ertragen.

Puccini war verzweifelt. Seinem Freund Arnaldo Fraccaroli berichtete er: »Ich glaubte, ich würde nie mehr eine Note schreiben.«[26] Als ihn damals Giulio Gatti-Casazza besuchte, saß er am Flügel mit Tränen in den Augen und sagte nach einer minutenlangen Pause: »Kommt es Ihnen wirklich so vor, als sei die arme Butterfly ein so häßliches Ding?«[27] Daß das Fiasko von neidischen Gegnern angezettelt worden war, stand fest. Allerdings auch, daß die Anlage der *Madame Butterfly* in zwei überlange Akte mit schuld war. Also gingen Puccini und seine beiden Textdichter sofort an die Umarbeitung und machten eine dreiaktige Oper daraus. In dieser Gestalt fand die *Butterfly* am 18. Mai 1904 in Brescia einen überwältigenden Erfolg.

Unsicherheiten

Nach *Madame Butterfly* dauerte es sechs Jahre bis zur Uraufführung von Puccinis nächster Oper *Das Mädchen aus dem Goldenen Westen* – für seine Verhältnisse eine ungewöhnlich lange Zeit. Dabei hatten nicht zuletzt private Probleme eine

Rolle gespielt. Am 3. Januar 1904 hatten Elvira – ihr Mann war inzwischen gestorben – und Giacomo geheiratet: ein sicher nicht nur aus Zuneigung getroffener Entschluß, nachdem das leidenschaftliche Einvernehmen zwischen den beiden längst öder Gleichgültigkeit gewichen war. Mag sein, daß Elvira, die seinerzeit ja immerhin ihre Familie um Puccinis willen verlassen und einen gesellschaftlichen Skandal in Kauf genommen hatte, jetzt zermürbt war vom Alltag an der Seite eines immer berühmter werdenden Mannes, der zudem durchaus empfänglich war für den Geist und Charme anderer Frauen: Diese Größe fehlte ihr. Puccini aber hätte Elvira gebraucht, er fühlte sich einsam und von ihr nicht verstanden. Wie sonst hätte es geschehen können, daß eine Eisenbahn-Bekanntschaft mit einer Jurastudentin so bedeutungsvoll für ihn werden konnte. Sie hieß Corinna, und das ist auch schon fast alles, was man von ihr weiß. Die etwa drei Jahre dauernde Verbindung zu diesem Mädchen belastete Puccinis Ehe empfindlich (Elviras Eifersucht nahm immer drastischere Formen an) und wurde von Puccini erst nach der Intervention seiner Freunde und einem unerfreulichen Rechtsstreit um die Affäre beendet. Jahre später schreckte Elvira dann nicht einmal mehr davor zurück, alle möglichen Behauptungen über das Verhältnis ihres Mannes zu einer Hausangestellten zu verbreiten, die sich daraufhin das Leben nahm. Die Sache geriet zum Skandal, eine gerichtliche Untersuchung erbrachte die Haltlosigkeit der Vorwürfe, in einem Prozeß wurde Elvira zu fünf Monaten und fünf Tagen Gefängnis und zu 700 Lire Geldstrafe verurteilt. Nach einer Berufung einigte man sich dann außergerichtlich. Puccinis Ehe hing damals an dem berühmten seidenen Faden. Und es ist bezeichnend für ihn, daß er bei aller Verzweiflung über diese Vorgänge doch noch bereit war, weiterhin mit der Frau, die ihn verleumdet, gedemütigt und beschimpft hatte, zusammenzuleben. Die vielfältigen Belastungen einer Trennung mochte und konnte er wohl nicht auf sich nehmen. So blieb er in den Grenzen, die er sich durch die Heirat selbst gesteckt hatte.

Eine Vernunftehe also wurde da am 3. Januar 1904 geschlos-

sen, und es konnte bei Puccinis offenbar nur geringem Widerstand gegenüber weiblichen Aktivitäten und seinem Bedürfnis nach Geborgenheit nur eine Frage der Zeit sein, bis er erneut Feuer fing. Dies geschah im Herbst 1905 in London. Dort war am 10. Juli die *Butterfly* herausgekommen, Puccini hatte die Premiere versäumt, weil er sich gerade auf Verbeugungstour in Argentinien befand, und wollte sich jetzt vom Erfolg überzeugen. Bereits ein halbes Jahr vorher hatte er hier in London Sybil Seligman kennengelernt, die ebenso attraktive wie kunstsinnige Frau eines Bankiers. Ihr begegnete er jetzt erneut. Sybil war die Frau, die ihm fehlte: verständnisvoll, klug, sensibel und bereit, auf alles einzugehen, was ihn bedrückte. Zwischen beiden entwickelte sich eine Freundschaft, die merkwürdigerweise auch von Elvira respektiert wurde, worin man immerhin einen Beitrag zum Wohlergehen ihres Mannes sehen kann.

Sybil Seligman war es auch, die den inzwischen schon wieder unglücklich nach einem neuen Opernstoff suchenden Puccini beriet. Aber was sie ihm auch vorschlug (Tolstois »Anna Karenina« war darunter und Bulwer-Lyttons »Die letzten Tage von Pompeji«), Puccini fand Gefallen, zögerte, lehnte ab. Mit seinen Erfolgen waren auch die Ansprüche an sich selbst gewachsen, und er wußte aus Erfahrung nur zu gut, wie wichtig für ihn das richtige Sujet war. Er zog Erzählungen von Maxim Gorki in die engere Wahl, er traf sich mit dem berühmten Dichter Gabriele d'Annunzio, um einen gemeinsamen Opernplan zu realisieren (wozu es dann nie kam), er spielte lange Zeit mit dem Gedanken, den Roman »La femme et le pantin« von Pierre Louÿs (eine der »Carmen« verwandte Geschichte) zu vertonen und griff auch die Idee »Marie Antoinette« wieder auf. Doch obwohl Illica den Stoff nie aus den Augen gelassen und viel daran gearbeitet hatte, konnte sich Puccini nicht dazu entschließen. Was er suchte, fand er schließlich in der Neuen Welt.

Sybil Seligman

Zu Beginn des Jahres 1907 brach Puccini mit Elvira zu einem mehrwöchigen Besuch nach New York auf. Die Metropolitan Opera hatte ihn eingeladen, Aufführungen seiner Opern *Manon Lescaut, La Bohème, Tosca* und *Madame Butterfly* zu besuchen und sie durch seine Anwesenheit für das Publikum besonders attraktiv zu machen. 8000 Dollar ließ man sich die Sache kosten, und so erlebten die Puccinis hier eine aufregende Zeit. Giacomo wurde stürmisch gefeiert, die Presse überschlug sich, und er hatte Gelegenheit, die Einstudierung der *Butterfly* zu überwachen. Premiere war am 11. Februar, die Titelrolle sang Geraldine Farrar, den Linkerton Enrico Caruso. Mit ihm freilich hatte Puccini seine Schwierigkeiten: »Er lernt einfach nichts, er ist zu faul, und er ist zu selbstgefällig.«[28]

Bei seinen Theaterbesuchen in New York sah Puccini auch das Schauspiel »Das Mädchen aus dem Goldenen Westen« von David Belasco. Er hatte das Stück bereits Ende 1906 gelesen und war jetzt von der Aufführung tief beeindruckt. Vor seiner Abreise aus Amerika sprach er in einer Pressekonferenz am 27. Februar 1907 noch von einigen Shakespeare-Plänen, aber zurück in Europa schrieb er an Belasco aus Paris: »Ich habe sehr viel über Ihr Schauspiel ›Das Mädchen aus dem Goldenen Westen‹ nachgedacht, und ich bin mir sicher, daß es mit bestimmten Änderungen leicht für die Opernbühne eingerichtet werden könnte.«[29] Und am 12. Juli desselben Jahres meinte er in einem Brief an Sybil Seligman: »Es ist ganz sicher, daß das ›Mädchen‹ die richtige Oper für mich ist.«[30] Trotzdem wandte er sich noch einmal der »Marie Antoinette« (unter dem Titel »Die Österreicherin«) zu. Dabei kam es zum Bruch mit Illica, der Stoff wurde endgültig zu den Akten gelegt, und mit Carlo Zangarini als Librettist entstand der Text zum *Mädchen aus dem Goldenen Westen.*

Puccinis Mitarbeit und seine Wünsche führten auch jetzt wieder zu Unstimmigkeiten. Als er zu Beginn des Jahres 1908 das vollständige Buch in der Hand hatte, nannte er es »ein wirklich schönes Libretto«. Aber schon im April bestand er darauf, einen zweiten Dichter hinzuzuziehen, was Zangarini natürlich ärgerte. Und es wiederholten sich all jene Auseinandersetzungen, die es schon mit Illica und Giacosa gegeben hatte. Das sah jetzt fast so aus, als stelle er seine Forderungen nicht nur um der Oper willen, sondern auch, um sich durchzusetzen und um allen klarzumachen, daß er das Sagen habe. So kam denn als dritter Mann Guelfo Civinini ins Team, und Zangarini meinte später, genaugenommen habe Puccini das Textbuch geschrieben. Im Juli 1910 wurde die Partitur vollendet, und Puccini war der Ansicht, jetzt sei ihm seine beste Oper gelungen. Die Uraufführung wurde für den 10. Dezember 1910 festgelegt und fand in der Metropolitan Opera statt. Der Abend wurde publizistisch glänzend vorbereitet, die Zeitungen berichteten laufend über die Proben, die Eintrittskarten waren Wochen vorher ausverkauft, und Puccini schrieb am 7. Dezember an Elvira: »Ich bin zufrieden mit meiner Arbeit und hoffe das Beste.«[31] Tatsächlich wurde die Premiere ein außergewöhnlicher Erfolg bei den Besuchern. Die Presse äußerte sich weniger enthusiastisch und auch sehr kritisch. Dennoch: Puccini kehrte glücklich heim, gefolgt von einem Motorboot, das er für 3000 Dollar erstanden und sich hatte nachschicken lassen. Doch die Hochstimmung hielt nicht lange an, er brauchte wieder Arbeit und hatte das Gefühl, daß er so wie bisher nicht weiterschreiben könne. An Sybil Seligman schrieb er am 8. Februar 1911: »An dem Punkt, an dem ich jetzt in der Kunst angelangt bin, muß ich etwas finden, das erhabener, musikalischer und auch origineller ist.«[32]

Am 12. Juni 1911 starb Giulio Ricordi. Puccinis Verleger war gleichzeitig einer seiner engsten Freunde, der trotz mancher Auseinandersetzungen im Grunde immer Verständnis gehabt hatte für seine Sorgen und Probleme, auch für die privaten. Die Leitung des Verlagshauses übernahm nun Giulios Sohn Tito Ricordi. Er war mit Puccini schon mehrmals auf Reisen gewesen, aber das Verhältnis der beiden blieb eher kühl. So traten denn auch bald die ersten Spannungen auf. Dabei allerdings zeigte Puccini einmal mehr seine hervorstechenden

Charaktereigenschaften: Treue und Anhänglichkeit. So wie er sich von seiner Frau nicht trennte, obwohl Anlässe genug dafür gegeben waren, suchte er sich jetzt auch nicht gleich einen anderen Verleger (was bei seiner Berühmtheit überhaupt kein Problem gewesen wäre), sondern blieb bei Ricordi. Bei allem, was der verstorbene Giulio Ricordi für ihn getan hatte, fühlte er sich dazu verpflichtet.

Josephine, »Die Schwalbe«, Politisches

Diese Treue mag, von Puccinis privatem Leben her gesehen, doch nicht so ganz unverbrüchlich erscheinen. Zwar hielt er an der Ehe mit Elvira fest, aber er scheute sich nicht, das, was ihm seine Frau an Verständnis und Liebe vorenthielt, von anderer Seite zu empfangen. Gelegenheit dazu gab im Sommer 1911 ein Aufenthalt in Viareggio, wo Puccini die Baronin Josephine von Stängel kennenlernte. Sie kam aus München, lebte von ihrem Mann getrennt und fand über ihre Bewunderung für Puccinis Musik bald den Weg zu seinem Herzen. Noch einmal flammte in dem nun 53jährigen eine unerwartete Leidenschaft auf, die beiden planten sogar, sich in Viareggio niederzulassen und in einem Haus, das Puccini dort bauen wollte, zusammenzuleben. Ob Puccini sich allerdings noch jetzt von Elvira getrennt hätte, ist fraglich. Jedenfalls wurde er dieser Entscheidung durch den Zweiten Weltkrieg enthoben, der Italien und Deutschland zu Feinden machte und damit auch der Beziehung zu Josephine von Stängel ein Ende setzte.

Daneben waren jene Jahre wiederum beherrscht von der Suche nach einen neuen Opernstoff. Alles mögliche wurde in Betracht gezogen: »Die drei Musketiere« von Alexandre Dumas d. Ä., »Hanneles Himmelfahrt« von Gerhart Hauptmann, Franz Molnars »Liliom« und vieles andere mehr. Dabei erinnerte sich Puccini an eine frühere Idee, drei in ihrem Inhalt sehr unterschiedliche Einakter zu schreiben, die nacheinander an einem Abend aufgeführt werden sollten. Der Gedanke ließ ihn nicht mehr los, und im Juli 1912 hatte er das erste Stück gefunden: das Schauerdrama »La Houppelande« des französischen Schriftstellers Didier Gold. Als Librettist wurde Giuseppe Adami gewonnen. Die Arbeit wurde 1913 durch eine Reise Puccinis unterbrochen, die unerwartete Folgen haben sollte. Er fuhr nach Wien und erlebte hier zum erstenmal Aufführungen von Lehár-Operetten. Er muß beeindruckt gewesen sein, denn als nach einer dieser Vorstellungen die Direktoren des Karlstheaters, Otto Eibenschütz und Heinrich Berté (der Komponist des *Dreimäderlhauses*) ihm vorschlugen, eine Operette für Wien zu komponieren, war er eigentlich nicht abgeneigt. Allerdings war Puccini erfahren genug im Musikgeschäft, um zu wissen, daß er sich damit schaden könne; er lehnte ab. Zu Hause aber überlegte er sich die Sache dann anders und sagte zu. Mit dem ersten Libretto, das man ihm anbot, konnte er überhaupt nichts anfangen. Das zweite aber, eine der *Traviata* von Verdi entfernt verwandte Handlung mit dem Titel »Die Schwalbe«, nahm er an. Den Text schrieb Giuseppe Adami, und es wiederholte sich, was offenbar zu Puccinis Arbeitsmethode gehörte: Nur wenige Wochen nach dem Vertragsschluß begann er, an Adamis Text herumzumäkeln. An einen Freund in Wien, den Baron Angelo Eisner, schrieb er am 26. Mai 1914 lakonisch: »Mir gefällt das Libretto für *Die Schwalbe* nicht mehr.«[33]

Ohne sonderliches Interesse arbeitete er weiter, merkte aber doch, daß er eine Operette im Sinn seiner Wiener Vertragspartner nicht schreiben konnte und daß unter seinen Händen zwangsläufig eine Oper daraus werden würde. Am 19. November 1914 schrieb er aus Torre del Lago an Giuseppe Adami: »*Die Schwalbe* ist großer Mist. Zum Teufel mit der ganzen Wiener Geschichte.« Trotzdem konnte er am Ostersonntag 1916 Adami mitteilen: »Die *Schwalbe* ist ganz und gar fertig.«[34]

Daß viele Probleme in seinem Leben und Schaffen in Puccinis Unentschlossenheit begründet lagen, steht außer Frage. Ebenso, daß Unsicherheit mit im Spiel war, gelegentlich auch Opportunismus. So war er sicher überfordert, als man ihn im November 1914 um eine politische Stellungnahme bat. Der englische Schriftsteller Hall Cane plante ein Buch, in dem der Überfall Deutschlands auf Belgien verurteilt wurde. Und er wandte sich an viele Literaten und Musiker um einschlägige Beiträge (d'Annunzio und Maeterlinck waren darunter, ebenso Debussy, Elgar, Leoncavallo und Mascagni). Als einziger konnte sich Puccini nicht entschließen, gegen Deutschland zu votieren, er fürchtete dort einen Boykott seiner Opern. Kein Wunder, daß man ihm das übelnahm. Wenig später erfuhr er, man spiele seine Opern in Deutschland nicht mehr, weil er einen Protest gegen die deutsche Beschießung von Reims unterzeichnet habe. Als er das gegenüber dem Deutschen Bühnenverein bestritt und darauf hinwies, daß er nie gegen Deutschland Stellung bezogen habe, gab's erneut Verärgerung, vor allem in Frankreich. Puccini selbst sah dahinter weniger den Patriotismus des französischen Volkes als vielmehr den Neid seiner weniger erfolgreichen französischen Kollegen (was zweifellos für ihn persönlich nur ein beruhigendes Alibi war).

Der Krieg schuf auch Probleme, was *Die Schwalbe* betraf. Um möglichst bald eine Aufführung zu sichern, mußte man versuchen, eine Vertragsänderung mit Wien zu erreichen. Schließlich stand Österreich auf deutscher Seite, und es war nicht daran zu denken, das Werk in Wien herauszubringen. Da Tito Ricordi an der *Schwalbe* nicht interessiert war – er hielt sie für schlechten Lehár –, kümmerte sich der Konkurrenzverlag Sonzogno um die Verhandlungen und erreichte, daß die Uraufführung am 27. März 1917 in Monte Carlo stattfinden konnte. Es gab eine Galapremiere mit illustrem Publikum, mit Lobeshymnen und mit bösen Attacken aus Frankreich, gegen die sich Puccini im April 1917 mit einem Brief an die französische Presse verteidigte. Es hieß da u. a.: »Ich habe unseren Feinden weggenommen, was ihr Eigentum war, und meine Oper einem italienischen Verleger überlassen. Wenn dies mein Verbrechen ist, so habe ich das Recht, stolz darauf zu sein.«[35]

Eine merkwürdige und kaum akzeptable Erklärung – abgefordert einem Menschen, der sich patriotisch geben wollte, ohne es sein zu können.

Nicht immer sind aller guten Dinge drei

Über der *Schwalbe* hatte Puccini die Arbeit an den geplanten drei Einaktern nicht vergessen. Aus Didier Golds »La Houppelande« war inzwischen »Der Mantel« geworden, und daß Puccini mit Adamis Textbuch nicht zufrieden war, versteht sich. Wieder suchte er – diesmal heimlich, um Adami zu schonen – nach einem zweiten Librettisten und ging den italienischen Bühnenautor Dario Niccodemi an. Der aber verlor bald die Lust, und so griff Puccini wieder selbst ein. Gleichzeitig bemühte er sich um Stoffe für die beiden anderen Einakter. Er bekam sie schließlich von Giovacchino Forzano, einem alten Bekannten, der ihm die Geschichte der letzten Lebenstage einer Nonne – »Schwester Angelica« – und eine Komödie anbot, die auf den 25. und 30. Gesang aus Dantes »Inferno« zurückgeht: »Gianni Schicchi«.

Puccini war begeistert und erstaunlicherweise bis auf geringfügige Details mit Forzanos Textbüchern einverstanden. Nach dem *Mantel* (November 1916) vollendete er *Schwester Angelica* (September 1917) und als letztes dann *Gianni Schicchi* (April 1918).

Daß das Ende des Ersten Weltkrieges eine Uraufführung in Italien unmöglich machte, liegt auf der Hand. So kam man wieder mit der Metropolitan Opera in New York ins Geschäft, wo das *Trittico* am 14. Dezember 1918 herauskommen sollte – zum ersten Mal eine Puccini-Premiere ohne den Komponisten. Aber die Met tat ihr Bestes, wieder war Geraldine Farrar mit von der Partie, wieder gab's viel Beifall und eine im großen und ganzen freundliche Presse. Daß Puccini das alles an Ort und Stelle nicht miterleben konnte, schmerzte ihn. So betrieb er mit Vehemenz eine Aufführung des *Triptychons* in

Italien, und tatsächlich gelang es, das Teatro Costanzi in Rom dafür zu gewinnen. Termin war der 1. Januar 1919. Für Puccini bedeutete das die eigentliche Uraufführung, weil er hier wieder an der Einstudierung entscheidend mitwirken konnte. Nach der kriegsbedingten kulturellen Enthaltsamkeit wurde der Abend zu einem wichtigen Ereignis, an dem auch das italienische Königshaus teilnahm. Die Reaktion des Publikums entwickelte sich von einer relativ kühlen Aufnahme des *Mantel* über spürbare Anteilnahme bei *Schwester Angelica* bis zu begeistertem Applaus für *Gianni Schicchi*. Das entsprach in etwa auch der Meinung der Kritiker, die dem *Schicchi* die größten Chancen gaben.

Puccini forcierte nun eine Aufführung in London (sie fand nach manchen Querelen am 11. Juni 1920 statt) und konnte im Oktober 1920 die Wiener Erstaufführung des *Triptychons* erleben, außerdem die der ursprünglich für Wien gedachten *Schwalbe*. Ihr Erfolg war mäßig, der des *Triptychons* beachtlich. Als interessantes Detail brachte der Wiener Aufenthalt für Puccini eine Begegnung mit Franz Lehár. Sie trafen sich zum Essen und unterhielten sich prächtig mit dem gegenseitigen Zitieren aus ihren Werken. Sie spielten sogar zusammen Klavier, und Lehár gestand, sein Traum sei, eine tragische Oper zu komponieren. Puccini antwortete darauf, – in Erinnerung an seine mißlungene Operette *Die Schwalbe* – mit dem italienischen Sprichwort: »Chi vuol far l'altrui mestiere, fa la zippa nel paniere.« (Deutsch etwa: »Schuster bleib bei deinen Leisten.«)[36] In späteren Briefen versicherten sich beide Komponisten ihre Freundschaft und, wie Lehár schrieb, »der vollkommenen Harmonie unserer musikalischen Vorstellungen«.

Die letzten Jahre

Wie fast immer zwischen einer Opernpremiere und der Arbeit an seinem nächsten Werk fühlte Puccini sich auch jetzt wieder unausgefüllt und hatte Depressionen. Nach seinem Aufenthalt in Wien im Herbst 1920 schrieb er am 10. November 1920 aus Torre del Lago an Giuseppe Adami: »Glauben Sie, ich bin glücklich gewesen oder ich bin es jetzt nach der guten Aufnahme in Wien? Ich habe stets einen großen Sack Melancholie mit mir herumgeschleppt. Ich habe gewiß keinen Grund dazu, aber so bin ich nun einmal, und so sind alle Menschen, die Herz haben und denen auch die geringste Dosis Leichtlebigkeit fehlt.«[37] Bereits am 1. Juli 1920 hatte er an Sybil Seligman nach London berichtet: »Ich bin so traurig hier, so sehr traurig . . ., und ich kann Torre nicht mehr ertragen.«[38] Wiederum Adami erfuhr am 30. März 1921: »Hier in Torre ist es öde, und fast möchte ich sagen: unangenehm. So vergeht alles, auch Torre del Lago.«[39]

Mehreres mag da zusammengewirkt haben: die Unruhe, einen guten neuen Opernstoff zu finden, das unfrohe Zusammenleben mit Elvira und eine Torffabrik, die sich in Torre del Lago etabliert hatte und deren Sirene er »ekelhaft« fand. Die Technik, die ihm – was Autos und Motorboote betraf – zu so manchem Vergnügen verhalf: Hier war sie ihm lästig, genauso wie die Änderungen im sozialen Verhalten der Bevölkerung, die sie im Gefolge hatte. (Ein Fischer, der ihm bei einer Bootsfahrt begegnet war, hatte ihm gedroht: »Jetzt gehört's noch dir, aber bald sind wir an der Reihe.«) Als völlig unpolitischer Mensch konnte Puccini solche Äußerungen nur registrieren, nicht nachvollziehen. Jedenfalls war ihm das Leben in Torre del Lago zur Last geworden, und er verwirklichte einen Plan, den er vor Jahren schon mit Josephine von Stängel gefaßt hatte: Er baute 1919 in Viareggio ein Haus, das er Ende 1920 bezog. Er gründete hier – wie seinerzeit in Torre auch – einen Club, den »Gianni-Schicchi-Club«, und stand bald im Mittelpunkt eines neuen Freundeskreises von Künstlern aller Art.

Als die Puccinis nach Viareggio übersiedelten, stand der Stoff der nächsten Oper bereits fest. Nach längerem Hin und Her – Puccini hatte sich u. a. bei Shakespeare umgesehen, sogar an eine Art Märchenoper gedacht, die in der Gegend von Lucca spielen sollte – war die Entscheidung für Carlo Gozzis Schauspiel »Turandot« nach einer chinesischen Fabel gefallen. Das Textbuch erstellten Renato Simoni und Giuseppe Adami, wiederum unter intensiver Mitarbeit Puccinis, was erneut zu Unstimmigkeiten führte. Wie ein Brief an Carlo Baladini vom 15. August 1920 verriet, könnte auch Unsicherheit dahinter gesteckt haben: »Ich bin so vorsichtig wie immer und voller Bedenken wie immer; niemand kann einen Lucchesen hereinlegen.«[40] Als ob seine Librettisten nur immer darauf aus gewesen wären, ihn aufs Kreuz zu legen. So war dann auch die Entstehung der *Turandot* gezeichnet von Hoffnungen und Zweifeln. Darunter sorgten Reisen für gelegentliche Abwechslung. Im August fuhr Puccini mit seinem Sohn Tonio und ein paar Freunden in zwei Autos durch Europa. Am 26. Dezember erlebte er eine stürmisch gefeierte Manon-Premiere in Mailand, die Arturo Toscanini dirigierte. Bei dieser Gelegenheit versöhnte sich Puccini mit ihm (es kam bald darauf zu einem neuerlichen Zerwürfnis, das allerdings nach wenigen Wochen beigelegt war). Am 1. Januar 1923 gab's dann eine Galavorstellung der *Manon Lescaut* mit einem Bankett zu Ehren Puccinis – alles Ereignisse, die den Komponisten in Hochstimmung hielten. Im März 1924 war die Turandot-Partitur vollendet – bis auf das Schlußduett, das Puccini nicht zur Zufriedenheit gelingen wollte. Er ahnte nicht, daß er sich damit bereits zu viel Zeit gelassen hatte.

Schon seit Anfang 1924 machte ihm wieder sein Hals zu schaffen, er litt unter einem chronischen Husten und sah sich im Sommer gezwungen, einen Spezialisten zu konsultieren. Er befragte – aus Mißtrauen? – gleich vier Ärzte, von denen ihm jeder eine andere Behandlung vorschlug. Im Oktober endlich stellte ein Halsarzt in Florenz Kehlkopfkrebs fest. Puccini selbst erfuhr diesen erschreckenden Befund zunächst nicht, fühlte sich aber doch unsicher: »Werde ich operiert oder werde ich behandelt? Oder bin ich zum Tode verurteilt?« schrieb er am 22. Oktober an Giuseppe Adami.[41] Am 4. November fuhr er mit seinem Sohn Tonio nach Brüssel, wo er

Puccini um 1920

zunächst mit Radium behandelt und dann operiert wurde. Die Ärzte zeigten sich nach der Entfernung des Tumors optimistisch und hofften auf Heilung. Aber Puccinis Herz machte plötzlich nicht mehr mit, sein Zustand verschlechterte sich schlagartig, und nach einem Todeskampf, der eine ganze Nacht lang dauerte, starb er am 29. November 1924 um 11.30 Uhr. Am 1. Dezember fand in der Brüsseler St.-Martins-Kirche ein Trauergottesdienst statt, am 3. Dezember die offiziellen Trauerfeierlichkeiten im Mailänder Dom. Zwei Jahre lag sein Leichnam im Grab der Familie Toscanini in Mailand. 1926 wurde er dann in Torre del Lago zur letzten Ruhe gebettet.

Was war Puccini nun eigentlich: Ein gewiegter Dramatiker, der mit sicherem Gespür Grundsituationen des menschlichen Lebens musikalisch überzeugend gestalten konnte, oder ein sentimentaler Charakter, dessen allzu eingängige Musik den Hörer mit Larmoyanz überschüttet und ihm den Konsum von Tönen statt wirklicher Kunst vermittelt? Obwohl sich die Ansichten über Puccini – wenn auch etwas ungenau – auf eine Frage dieser Art vereinfachen lassen, ist sie eigentlich falsch gestellt. Denn beides schließt sich nicht aus. Jedenfalls sollte sich niemand schämen, weil er Puccini mag, wenn Puccini ihn begeistert oder gar zu Tränen rührt. Es sollte ihn auch nicht irritieren, daß sich Puccini vorwiegend mit zerbrechlichen, leichtgläubigen, sogar leichtfertigen Frauengestalten abgab. Wahrhaftiger ist das allemal als beispielsweise Richard Wagners Helden und Heroinen, in denen sich ein normaler und vernünftiger Mensch nur selten wiederfindet.
In seiner Puccini-Biografie aus dem Jahre 1937 stellte Gustav Fellerer – mit den Kunstansichten des Dritten Reiches darin konform – »dekadente Ungeistigkeit« im Werk Puccinis fest und meinte dazu: »Daher oft Sentimentalität anstelle von Empfindung, unbeherrschter Ausbruch anstelle innerer Mäßigung, Brutalität anstelle von Kraft.«[42] Eine wirklich kuriose

Die letzte Aufnahme

Die Grabkapelle in Torre del Lago

Feststellung, die vielleicht auch heute noch nicht ganz ausgestorben ist. Als ob »innere Mäßigung« jemals die Voraussetzung für ein gutes Drama abgegeben hätte. Beziehen nicht auch eine Carmen, ein Othello, eine Salome wie ein Cavaradossi ihre eigentlichen Qualitäten erst aus dem »unbeherrschten Ausbruch«?

Daten und Umfeld

Weltgeschichtlich gesehen ist Giacomo Puccinis Geburtsjahr 1858 nicht gerade umwerfend interessant. Im nachhinein allerdings registriert man Ereignisse, die zunächst noch gar keine waren: In Berlin übernimmt Prinz Wilhelm von Preußen die Regentschaft (er wird 1861 preußischer König und 1871 als Wilhelm I. deutscher Kaiser), in den Vereinigten Staaten wird Theodore Roosevelt geboren, der von 1901 bis 1909 als amerikanischer Präsident Schlagzeilen machen wird (er erwirbt von Panama die Kanalzone für die Vereinigten Staaten). 1906 wird er außerdem mit dem Friedensnobelpreis ausgezeichnet.

In Italien plant Graf Benno di Cavour, der Vorkämpfer des bürgerlichen Nationalismus, im Verein mit Frankreichs Kaiser Napoleon III. einen gemeinsamen Angriffskrieg gegen Österreich (den Österreich im folgenden Jahr verlieren wird). Außerdem bahnt sich in Frankreich eine Sensation an: In einer Höhle nahe der südfranzösischen Stadt Lourdes hat die vierzehnjährige Bernadette Soubirous Marienerscheinungen, die sogleich viel beachtet werden. Die katholische Kirche betrachtet sie zunächst mit Skepsis. 75 Jahre später aber entschließt sie sich, Bernadette heiligzusprechen: Lourdes wurde zu einem der berühmtesten Wallfahrtsorte der Welt.

Was die Künste betrifft, so hat das Jahr 1858 einige bemerkenswerte Daten aufzuweisen: Wilhelm Busch schreibt seine beliebte Bildergeschichte »Max und Moritz«, in Paris kommt Jacques Offenbachs Operette *Orpheus in der Unterwelt* heraus, und einige später prominente Künstler werden geboren – der Maler Lovis Corinth, der Schauspieler Joseph Kainz und die Komponisten Ruggiero Leoncavallo und – Giacomo Puccini. Er kommt in der toskanischen Stadt Lucca zur Welt und hat eine ganze Reihe musikalischer Vorfahren. Ururgroßvater

Giacomo (1712–1781), Urgroßvater Antonio (1747–1832), Großvater Domenico (1771–1825) und Vater Michele (1813–1864) waren ausgezeichnete Komponisten, Kapellmeister und Organisten in Lucca. Und es gibt keinen Zweifel darüber, daß auch Giacomo einst das Organistenamt seines Vaters übernehmen würde, weshalb nach dem Tod Micheles die Stelle einem Nachfolger (es war der Bruder der Mutter) mit der ausdrücklichen Bedingung übertragen wurde, sie an Giacomo abzugeben, sobald der in der Lage sei, das Organistenamt zu übernehmen.

Zunächst freilich kann davon bei dem Sechsjährigen noch längst keine Rede sein, obwohl für seine Erziehung – vor allem die musikalische – bereits viel getan wird. Seine Mutter Albina Puccini-Magi kümmert sich sehr tatkräftig um die Entwicklung ihrer sieben Kinder, und Giacomo – er ist das fünfte – liegt ihr besonders am Herzen. Die ersten zehn Jahre in seinem Leben verlaufen ohne bemerkenswerte Ereignisse, zumindest in Lucca. Anderswo tut sich einiges: 1860 wird in Kalischt (Böhmen) Gustav Mahler, in Windischgräz (Südsteiermark) Hugo Wolf geboren. England erlebt die erste Box-Weltmeisterschaft, Amerika wählt Abraham Lincoln zum Präsidenten, und 1861 kommt's in Paris zu dem berühmten Skandal um Richard Wagners Oper *Tannhäuser*. Im darauffolgenden Jahr unternimmt der italienische Freiheitskämpfer Giuseppe Garibaldi einen erfolglosen Versuch, Rom von den Franzosen zu befreien – ein für die Familie Puccini vermutlich interessanteres Ereignis als die Tatsache, daß 1862 das Mozart-Werkverzeichnis des Ritters von Köchel und Verdis Oper *Die Macht des Schicksals* entstehen oder daß der Wiener Komödienautor Johann Nestroy stirbt. Unbeachtet bleibt zunächst natürlich auch, daß in Gent der Dichter Maurice Maeterlinck und in Saint-Germain-en-Laye der Komponist Claude Debussy geboren werden.

1863 komponiert Georges Bizet seine Oper *Die Perlenfischer*, wird der italienische Komponist Pietro Mascagni geboren, 1864 dann Richard Strauss, 1865 schließlich der einzige finnische Komponist von internationaler Bedeutung: Jean Sibelius. Unwichtig in diesem Zusammenhang ist vielleicht die Erstbesteigung des Matterhorns im selben Jahr (obwohl dabei vier Tote zu beklagen sind), bedeutsamer – jedenfalls für die Verbreitung von Puccinis Werken in unseren Tagen – ist die Gründung der BASF, die sich zu einem der wichtigsten Tonband-Hersteller entwickeln sollte. Die Uraufführung von Richard Wagners *Tristan und Isolde* 1865 in München wird für Puccini nicht ohne Einfluß bleiben. Dagegen haben die Uraufführung der Oper *Die verkaufte Braut* von Friedrich Smetana im Jahre 1866, die Entstehung des Walzers »An der schönen blauen Donau« von Johann Strauß und die des Romans »Thérèse Raquin« von Émile Zola im Jahr darauf für Puccinis Leben keine größere Bedeutung. Um so wichtiger ist die Geburt Arturo Toscaninis: Der hochbegabte Dirigent sollte später einiges zu Puccinis Weltruhm beitragen.

Giacomo Puccini ist zehn, als· er an den beiden Kirchen S. Martino und S. Michele in Lucca als Chorknabe singt, und vierzehn, als er das Organistenamt übernehmen kann. Daneben verdient er sich ein bißchen Geld, indem er in Wirtshäusern aufspielt. Der künftige Opernkomponist macht dabei nützliche Erfahrungen, und es kümmert ihn wenig, daß in jenen Jahren Gioacchino Rossini (1868) und Hector Berlioz (1869) sterben, auch nicht, daß 1871 Rom nach der Räumung durch die Franzosen zur Hauptstadt Italiens erklärt wird – Berlin übrigens zur deutschen Reichshauptstadt. Der Dichter Christian Morgenstern wird geboren und der Maler Lyonel Feininger (beide 1871), der Regisseur Max Reinhardt, der Komponist Max Reger und die Sänger Fedor Schaljapin und Enrico Caruso (alle 1873). 1874 komponiert Giuseppe Verdi sein *Requiem*, Puccini schreibt seine ersten Kompositionen für Orgel. Zwei Jahre später erlebt er eine Aida-Aufführung in Pisa und ist hingerissen. 1876 finden auch die ersten Bayreuther Festspiele statt, schreibt Johannes Brahms seine Erste Sinfonie, wird der spanische Komponist Manuel de Falla geboren und die Oper *La Gioconda* von Amilcare Ponchielli uraufgeführt. Der namhafte italienische Komponist wird 1880 Puccinis Lehrer in Mailand. Ein Vierteljahr vorher erntet Puccini mit der Aufführung einer Messe in Lucca ungewöhnlichen Beifall – die Zeitung »Progresso« lobt »die Behandlung der Instrumentalstimmen«, und meint, die Melodie sei »überquellend und ungekünstelt, der Aufbau effektvoll«.[1] Ebenfalls 1880 entsteht die berühmte Bronzeplastik »Der Denker« von Auguste Rodin, stirbt Jacques Offenbach, komponiert Johannes Brahms die zweite Serie seiner populären *Ungarischen Tänze*, wird der Kölner Dom vollendet.

Während der Studienjahre Puccinis in Mailand verzeichnet die Kulturgeschichte einige bemerkenswerte Daten: 1881 werden der Dichter Stefan Zweig, der Maler Pablo Picasso und die Schauspielerin Asta Nielsen geboren. Paris erlebt die erste Aufführung von Jacques Offenbachs Oper *Hoffmanns Erzählungen* und Berlin die erste elektrische Straßenbahn. 1882 wird Igor Strawinsky geboren, 1883 der Dichter Franz Kafka und der Komponist Anton Webern, New York feiert die Eröffnung der Metropolitan Opera. Puccini schreibt als Examensarbeit ein *Capriccio sinfonico*, dessen Aufführung am 14. Juli 1883 von dem einflußreichen Kritiker der Zeitung »Perseveranza« höchst freundlich kommentiert wird: »In Puccini steckt ein entschiedenes und sehr ungewöhnliches musikalisches Temperament, insbesondere als Sinfoniker.«[2] Ebenfalls 1883 veranstaltet der Mailänder Musikverlag Sonzogno ein Preisausschreiben für Opern-Einakter, Puccini beteiligt sich daran mit *Le Villi*. Das Werk wird am 31. Mai 1884 uraufgeführt und hat durchschlagenden Erfolg (»Beifall von allen Seiten, vom ganzen Publikum, von Anfang bis zum Schluß« war am nächsten Morgen in der »Perseveranza« zu lesen).[3] Wenige Wochen später, am 17. Juli, stirbt Puccinis Mutter. Ende 1884 lernt Puccini seine spätere Frau Elvira Bonturi-Gemignani kennen, und Ende 1886 wird beider Sohn Antonio geboren.

Bevor Puccinis zweite Oper *Edgar* am 21. April 1889 an der Mailänder Scala uraufgeführt wird, ereignet sich einiges in der Welt. Der englische Komponist Arthur Sullivan schreibt

Giuseppe Verdi

seine bekannteste Operette *Der Mikado*, Johann Strauß seinen *Zigeunerbaron* (1885). Amerika registriert im folgenden Jahr die ersten Anfänge des Jazz in New Orleans, und vor dem New Yorker Hafen wird die Freiheitsstatue errichtet. 1887 entwickelt Emil Berliner das Grammophon, und Gustav Daimler stellt den ersten vierrädrigen Kraftwagen mit Benzinmotor vor. Giuseppe Verdi schreibt seine vorletzte Oper *Othello*, der Maler Marc Chagall wird geboren, für die Pariser Weltausstellung 1889 errichtet Gustave Eiffel den nach ihm benannten Eiffelturm, seither das Wahrzeichen von Paris. Bertha von Suttner veröffentlicht den pazifistischen Roman »Die Waffen nieder« (sie bekommt 1905 den Friedensnobelpreis zugesprochen), Adolf Hitler und Charlie Chaplin werden geboren.

Die folgenden Jahre verzeichnen wichtige Uraufführungen: 1890 *Cavalleria rusticana* von Pietro Mascagni, 1891 *Der Vogelhändler* von Carl Zeller, 1892 »Die Weber« von Gerhart Hauptmann (später von Puccini als Opernstoff in Betracht gezogen), *Der Bajazzo* von Ruggiero Leoncavallo und 1893 *Manon Lescaut* (1. Februar) von Puccini, der damit endgültig seinen gesicherten Platz unter den Opernkomponisten eingenommen hat. Er kauft sich ein Haus in Torre del Lago. Im gleichen Jahr komponiert Antonin Dvořák seine letzte Sinfonie *Aus der neuen Welt*, stirbt Peter Tschaikowsky. 1894 gründet Pierre de Coubertin das Komitee für die Olympischen Spiele, in Frankreich findet zwischen Paris und Rouen das erste internationale Autorennen statt, Claude Debussy schreibt das berühmte *Prélude à l'après midi d'un faune*. Daß Italien 1896 Krieg gegen Abessinien führt (das damit seine Unabhängigkeit erreicht), muß Puccini natürlich weniger beeindrucken als die Uraufführung seiner Oper *La Bohème* im selben Jahr (1. Februar), das außerdem den Tod Clara Schumanns, Anton Bruckners und Alfred Nobels bringt, des Stifters des gleichnamigen Preises. Eine Oper *La Bohème* von Ruggiero Leoncavallo macht 1897 der Puccinischen – wenn auch keine ernst zu nehmende – Konkurrenz. Johannes Brahms, mit dem Puccini herzlich wenig verbindet, stirbt, im folgenden Jahr Otto von Bismarck und 1899 Johann Strauß und Karl Millöcker.

Das Italien des Jahres 1900 hat ebenso bemerkenswerte wie unterschiedliche Ereignisse zu bieten: Viktor Emanuel III. wird italienischer König, Tommaso Marinetti veröffentlicht sein antikünstlerisches Manifest »Verbrennt die Musen«, der Dichter Ignazio Silone wird geboren. Außerdem erlebt Rom am 14. Januar die Uraufführung von Puccinis *Tosca*. In Wien macht Sigmund Freud mit seiner Abhandlung über die »Traumdeutung« von sich reden, in Finnland komponiert Jean Sibelius sein später berühmtestes Werk, die Tondichtung *Finlandia*, in England stirbt am 22. November Arthur Sullivan. Als technische Attraktionen werden die erste Fahrt eines Zeppelins und (in Paris) die erste Rolltreppe bestaunt. In Dresden nimmt ein Jahr später das erste europäische Fernheizkraftwerk seinen Betrieb auf. Ebenfalls 1901 stirbt Giuseppe Verdi (am 27. Januar), werden der italienische Bildhauer Marino Marini und der italienische Physiker Enrico Fermi geboren (er bekommt 1938 den Nobelpreis für Physik).

Der erste Motorflug der Brüder Wright, die erste Tour de France und die erste Durchquerung der Vereinigten Staaten mit einem Kraftwagen (er benötigt 65 Tage dazu) fallen in das Jahr 1903, ebenso ein Autounfall Puccinis, dessen Folgen erst nach fast acht Monaten ausgeheilt sein sollten. Trotzdem konnte am 17. Februar 1904 in Mailand seine Oper *Madame Butterfly* herauskommen. 1904 bleibt auch als Todesjahr von Antonín Dvořák und als Geburtsjahr von Salvador Dalí in Erinnerung, schließlich auch durch die Gründung der Rolls-Royce-Werke in England – ein eher unerhebliches Datum für die Kulturgeschichte, die 1905 die Uraufführung der *Salome* von Richard Strauss und die der *Lustigen Witwe* von Franz Lehár vermerkt. Manuel de Falla schreibt seine Oper *La vida breve* (mit dem berühmten Feuertanz), Heinrich Mann seinen Roman »Professor Unrat«, der Jahrzehnte später durch den Film »Der blaue Engel« mit Marlene Dietrich und Emil Jannings sehr populär geworden ist. Ähnliches widerfährt dem Berliner Schuhmacher Wilhelm Voigt, der 1906 als »Hauptmann von Köpenick« Aufsehen erregt und später durch das gleichnamige Schauspiel von Carl Zuckmayer eine geradezu legendäre Figur werden sollte. Die kulturelle Szene vermerkt den Tod Henrik Ibsens und die Geburt Samuel Becketts, im Jahr darauf dann den Tod Edvard Griegs und die Uraufführung der Operette *Ein Walzertraum* von Oscar Straus. 1908 starben Nikolai Rimski-Korsakow, Pablo de Sarasate und Wilhelm Busch, werden Olivier Messiaen und Herbert von Karajan geboren.

Im folgenden Jahr bringen Richard Strauss seine Oper *Elektra* und Ludwig Thoma seine Komödie »Moral« heraus. Für die Erfindung der drahtlosen Telegraphie wird der Italiener Guglielmo Marconi mit dem Physik-Nobelpreis ausgezeichnet, aus London kommt die Nachricht von der ersten Dauerwelle, aus Triberg im Schwarzwald die von der Eröffnung des ersten Skilifts, und für die Schauspielerin Henny Porten wird zum erstenmal die Bezeichnung »Star« gebraucht.

Eine dauerhafte Bezeichnung findet auch die 1910 uraufgeführte Achte Symphonie von Gustav Mahler, die bis zum heutigen Tag *Symphonie der Tausend* heißt. Das gleiche Jahr bringt die Uraufführung von Puccinis Oper *Das Mädchen aus dem Goldenen Westen* (10. Dezember) und von Strawinskys Ballett *Der Feuervogel*, das um einiges populärer werden wird als das Ballett *Petruschka* von 1911. Anders bei Richard Strauss: Er wird nicht zuletzt mit dem ebenfalls 1911 uraufgeführten *Rosenkavalier* zu den meistgespielten Opernkomponisten avancieren. Ein anderer Opernkomponist, Jules Massenet, stirbt in diesem Jahr (er schrieb vor Puccini eine *Manon*). Puccini selbst arbeitet während des Ersten Weltkriegs an der dreiaktigen Oper *Die Schwalbe* (sie wird am 27. März 1917 in Monte Carlo uraufgeführt) und an den drei Einaktern *Der Mantel, Schwester Angelica* und *Gianni Schicchi*. In diese Jahre fällt auch der Tod Alexander Skrjabins (1915), die Geburt Yehudi Menuhins (1916) und die Uraufführung der Oper *Turandot* von Feruccio Busoni (1917) mit demselben Stoff, der Puccinis letzter Oper zugrunde liegt. 1917 auch werden in Salzburg zum erstenmal Festspiele durchgeführt. Die Öffentlichkeit kümmert sich mehr um den Fall der Tänzerin Mata Hari, die in Paris als deutsche Spionin erschossen wird, und aus Amerika ist zu erfahren, daß Charlie Chaplins Jahresgage bereits eine runde Million Dollar beträgt. Zwei bemerkenswerte Todestage (Claude Debussy und Frank Wedekind), die Veröffentlichung des Romans »Der Untertan« von Heinrich Mann und die Uraufführung von Puccinis drei Einaktern an der Metropolitan Opera in New York (14. Dezember) bringt das Jahr 1918. Acht Monate später stirbt Leoncavallo. In Italien gründet Benito Mussolini 1919 den ersten »Faschistischen Kampfverband«, in Amerika wird die Prohibition eingeführt. Man entschließt sich dort ein Jahr später zum Frauenwahlrecht. In Hamburg wird 1920 die Oper *Die tote Stadt* von Erich Wolfgang Korngold uraufgeführt, in Berlin stirbt Max Bruch. Die deutsche Filmgeschichte verzeichnet ihre frühen Erfolge: den »Golem« mit Paul Wegener, »Das Cabinett des Dr. Caligari« mit Lil Dagover und Werner Krauss sowie »Kohlhiesels Töchter« mit Henny Porten in einer Doppelrolle.

1921 beginnt Puccini mit der Arbeit an seiner letzten Oper *Turandot*. In Dresden gründet Mary Wigman ihre Tanzschule, in Neustrelitz stirbt Engelbert Humperdinck (Schöpfer der sicher populärsten Märchenoper *Hänsel und Gretel*), in Algier der französische Komponist Camille Saint-Saëns (von ihm stammt das berühmte Stück *Der Schwan*), in Neapel der italienische Tenor Enrico Caruso (er wird in einem Glassarg bestattet). Sergej Prokofjew schreibt die Oper *Die Liebe zu den drei Orangen*, Eduard Künneke seine bekannteste Operette *Der Vetter aus Dingsda*. Im darauffolgenden Jahr 1923 wird in Salzburg die »Internationale Gesellschaft für Neue Musik« gegründet. Arnold Schönberg entwickelt seine Zwölftontechnik, Wilhelm Furtwängler übernimmt als Dirigent die Philharmonischen Konzerte in Berlin und die Gewandhauskonzerte in Leipzig. Der Architekt Le Corbusier entwirft den Plan einer »Stadt der Gegenwart«, Paul Klee malt das surrealistische Gemälde »Die Zwitschermaschine«, und der Tenor Leo Slezak schreibt die humoristischen Erinnerungen »Meine sämtlichen Werke«. Und dem Artisten Alfredo Codona gelingt der dreifache Salto von Trapez zu Trapez. Als Sensation wird dann 1923 auch der Rekord des finnischen Leichtathleten Paavo Nurmi gefeiert (er läuft eine Meile, das sind 1609 m, in 4,01 Minuten).

Einen anderen Rekord verzeichnet in diesem Jahr die inflationäre deutsche Wirtschaft – es sind zirka 500 Trillionen Papiermark im Umlauf. Mit dem Buch »Die Rakete zu den Planetenräumen« dokumentiert Herrmann Oberth die Anfänge einer wissenschaftlichen Theorie der Weltraumschiffahrt. Thomas Mann schreibt den Roman »Die Bekenntnisse des Hochstaplers Felix Krull«, Béla Bartók die *Tanz-Suite* für Orchester und der Autokönig Henry Ford das Buch »Mein Leben und Werk«. Um beim Auto zu bleiben: Puccini fährt mit seinem Sohn Antonio zu einer Festaufführung von *Manon Lescaut* nach Wien. Im Februar 1924 zeigen sich die ersten Anzeichen seines Kehlkopfkrebses, der erst nach und nach erkannt wird. Im November reist der Komponist nach Brüssel und wird dort operiert – ohne Erfolg. Am 29. November 1924 stirbt er. Die nahezu fertige Oper *Turandot* wird von Franco Alfano vollendet und am 25. April 1926 an der Mailänder Scala uraufgeführt – rund acht Monate vor der Uraufführung von Alban Bergs Oper *Wozzeck*, zweifellos ein legitimeres Vergleichsdatum als das Erscheinen der Operette *Paganini* von Franz Lehár im gleichen Jahr. Alfred Einstein gibt sein »Neues Musiklexikon« heraus (ein Standardwerk für lange Zeit), die Sopranistin Nellie Melba veröffentlicht ihre Autobiografie »Melodien und Erinnerungen«.

Die Werke und ihre Entstehungsgeschichte

Die Puccinis waren über mehrere Generationen hinweg Kirchenmusiker gewesen – kein Wunder also, daß auch Giacomo hier seine ersten kompositorischen Gehversuche unternahm. Bereits als Vierzehnjähriger versah er Organistendienste in Lucca und Umgebung, er improvisierte viel und fand natürlich auch Vergnügen daran, seine musikalischen Gedanken niederzuschreiben. Einige kleine Orgelstücke sind das erste, was von seiner Hand erhalten ist – hübsch, aber nicht weltbewegend. Daß er begabt war, erweist ein *Preludio sinfonico*, das er mit achtzehn Jahren schrieb und das schon einen erstaunlichen Sinn für dramatische Entwicklungen verrät. Puccinis erster öffentlicher Erfolg datiert aus dem Jahr 1878: Eine Motette für das Fest von S. Paolino, dem Schutzheiligen von Lucca, und ein Credo für Soli, Chor und Orchester fanden in der Lokalzeitung »La Provincia di Lucca« ein begeistertes Echo. Aber was besagte das schon, der junge Komponist wußte nur zu gut, daß Lob von anderer, wichtigerer Seite kommen mußte. Es kam dann auch – zunächst vom Direktor des Konservatoriums in Mailand, der das als Diplomarbeit vorgelegte und erfolgreich aufgeführte *Capriccio sinfonico* mit einer Medaille honorierte. Dann war da Amilcare Ponchielli, Puccinis Lehrer am Konservatorium, der sehr viel von ihm hielt und der ihn auch zu seiner ersten Oper animierte.

Mehr oder weniger erfolgreich: *Le Villi* und *Edgar*

Auf Ponchiellis Anraten beteiligte sich Puccini an einem Wettbewerb, den der Musikverlag Sonzogno für den besten Operneinakter ausgeschrieben hatte. Und er besorgte Puccini auch gleich einen geeigneten Textdichter: Fernando Fontana, einen nicht gerade prominenten Schriftsteller, der sich gleichwohl gut zu verkaufen wußte. Er wies nämlich sogleich darauf hin, daß er schon seine 300 Lire pro Akt fordern müsse, um einen entsprechenden Ausgleich für die »langweilige Arbeit des Librettoschreibens« zu haben. Dann gab er sich aber doch generös und verlangte mit Rücksicht auf Puccinis finanzielle Lage nur hundert Lire bei Fertigstellung, und weitere 200, falls Puccinis Oper einen Preis bekommen sollte.

Fontana hatte auch gleich einen Stoff parat. Er arbeitete gerade an einem Libretto für einen anderen Komponisten, das er aber – vermutlich wegen der rasch zu erwartenden Einkünfte – sogleich für Puccinis Pläne zur Verfügung stellte. Was Puccini an dem alles andere als brillanten Textbuch interessierte, ist aus einem Brief an seine Mutter vom August 1883 zu erfahren, in dem er – noch ziemlich ahnungslos – Fontanas Entgegenkommen hervorhebt und sein Gefallen an dem Stoff begründet, »weil darin ziemlich viel mit sinfonischer Malerei zu machen wäre, die mir zusagt. Deshalb scheint mir, das müßte mir gelingen.«[1]

Wovon Puccini sich Erfolg versprach, war eine Geschichte aus der deutschen Sagenwelt mit ebenso märchenhaften wie schaurigen Zügen: »Die Willis«. Das sind Geister von Verstorbenen, die Rache üben für verratene Liebe. (Schon vierzig Jahre vor Puccini hat Adolphe Adam den Stoff in seinem Ballett *Giselle* aufgegriffen.) Folgendes trägt sich zu: In einem Schwarzwalddorf feiern Anna und Robert ihre Hochzeit. Viel Zeit dazu bleibt ihnen nicht, denn Robert macht sich nach der Trauung auf den Weg nach Mainz, wo er Erbschaftsangelegenheiten zu regeln hat. Dort verfällt er einem Freudenmädchen, bei dem er bleibt. Als Anna davon erfährt, ist sie so verzweifelt über Roberts Untreue, daß sie stirbt. Ihr Schicksal bringt Robert zur Besinnung, er bereut seine Tat und kehrt zurück. In seinem Heimatdorf aber erscheint ihm Annas Geist. Sie fordert Rechenschaft von ihm und zwingt ihn mit

Amilcare Ponchielli

anderen Geistern, den Willis, zu einem gnadenlosen Tanz, der ihn schließlich tot zusammenbrechen läßt.

Vier Monate hatte Puccini Zeit für die Kompositon dieser Oper, er arbeitete fieberhaft daran und schickte die Partitur gerade noch rechtzeitig, am 31. Dezember 1883, an den Verlag Sonzogno. Acht Wochen später wurde das Ergebnis des Wettbewerbs bekanntgegeben: Preise für die Komponisten Guglielmo Zuelli und Luigi Mapelli – Puccini ging leer aus. Nach einer Aufführung der beiden Opern meinte er resigniert: »Mein Gott, ist es denn möglich, daß ich wirklich etwas Schlechteres komponiert habe?«[2]

Nein, das hatte er nicht. Denn nachdem Fernando Fontana eine Privataufführung von *Le Villi* arrangiert hatte, bei der Puccini sein Werk einigen wichtigen Leuten des Mailänder Kulturlebens vorführen konnte, sah die Sache anders aus. Arrigo Boito, selbst Komponist und Textdichter, war begeistert und erreichte, daß *Le Villi* am 31. Mai 1884 im Mailänder »Teatro dal Verme« uraufgeführt wurde – mit einhelligem Erfolg. Mit geliehenem Geld telegrafierte Puccini an seine Mutter in Lucca: »Achtzehn Hervorrufe. Erstes Finale dreimal wiederholt. Bin glücklich.«[3]

Und er war es noch mehr, als wenige Tage später der renommierte Musikverlag Ricordi bereit war, die Rechte an der Oper zu übernehmen. Was aber noch wichtiger war: Puccini und Fontana bekamen den Auftrag, für Ricordi eine weitere Oper zu schreiben. Was konnte sich ein 26jähriger Komponist mehr wünschen?

Fontana bot Puccini bald einen, wie er meinte, geeigneten Stoff an: das Schauspiel »Der Pokal und die Lippen« von Alfred de Musset. Was Puccini an dem Schauerstück interessierte, ist nicht ganz durchschaubar. Vielleicht wollte er nur so rasch wie möglich an die Arbeit gehen, um seinen ersten großen Erfolg alsbald zu wiederholen. Es kam wohl auch seine Unerfahrenheit im Umgang mit Stoffen und Texten hinzu. Jedenfalls hätte sich ihm, so sollte man meinen, die Feder sträuben müssen beim Komponieren einer derart schwülstigen Geschichte. Hier ist sie:

Obwohl der flämische Bauernsohn Edgar Fidelia liebt, ein Mädchen aus seinem Dorf, gewinnt die Zigeunerin Tigrana so viel Einfluß auf ihn, daß er Fidelia verläßt und mit Tigrana in die Welt zieht. Die beiden – wie könnte es anders sein – zerkriegen sich, Edgar geht zum Militär und beweist hier Mut und Tapferkeit, fühlt sich aber unglücklich und zerrissen. Er täuscht seinen Tod auf dem Schlachtfeld vor und erlebt seine eigene Trauerfeier. Dabei gibt er sich schließlich zu erkennen und findet zu Fidelia zurück. Tigrana stößt er von sich. Das ist nun zu viel für die eifersüchtige Zigeunerin, in besinnungsloser Wut fällt sie über Fidelia her und erdolcht sie. Edgar bricht über der Leiche zusammen, Tigrana wird abgeführt.

Puccini arbeitete an dieser billigen Story länger als ihm lieb sein konnte. Fontana übergab ihm im Mai 1885 das komplette Textbuch, und es wurde Oktober 1887, bis die Partitur vollendet war. Ihr schließlich ist es auch zu verdanken, daß die Öffentlichkeit dem Werk wenigstens wohlwollendes Interesse entgegenbrachte.

Der Uraufführung des *Edgar* am 21. April 1889 an der Mailänder Scala gingen einige Schwierigkeiten voraus – etwa die, daß die Sängerin der Tigrana krank wurde und Romilda Pantaleoni kurzfristig einspringen mußte (sie war Verdis erste Desdemona gewesen). Doch Puccini konnte auf den Dirigenten Franco Faccio setzen, der am Mailänder Konservatorium unterrichtete, der selbst komponierte und der die italienische Erstaufführung von Verdis *Aida* dirigiert hatte. In seinen Händen, so stand zu hoffen, war die Edgar-Premiere bestens aufgehoben. Und er konnte sicher am wenigsten dafür, daß sie dann doch nur ein mäßiges Echo fand. Das Libretto war einfach zu simpel und oberflächlich und zu offensichtlich auf abgeschmackte Theatereffekte aus. Da half auch nicht, daß Puccini das Beste daraus zu machen verstand, soweit das einem jungen Komponisten bei seiner zweiten Oper möglich ist. Hervorzuheben sind immerhin eindrucksvolle Ensemble- und Chorszenen, dann die musikalisch geschickt differenzierende Charakterisierung von Personen und bei Edgars Leichenbegängnis eine Trauermusik, die erkennen läßt, daß es

jetzt nicht mehr weit sein kann bis zu Puccinis erster Meister-
oper. (Sie erklang übrigens auch beim Trauergottesdienst für
Puccini am 3. Dezember 1924 im Mailänder Dom.)

Begeisterung und Mißerfolg: *Manon Lescaut* und *La Bohème*

Puccinis erster Geniestreich hätte *Tosca* werden können.
Denn gut zwei Wochen nach der Edgar-Premiere bedrängte er
seinen Verleger Giulio Ricordi, die Rechte an dem Drama
»Tosca« von Victorien Sardou zu erwerben. Das Stück wurde
seit anderthalb Jahren in ganz Europa mit einem Riesenerfolg
gespielt, und Puccini meinte, es schreie geradezu nach Musik.
Doch Ricordis Bemühungen halfen nichts: Der prominente
französische Schriftsteller hatte keine Lust, sein berühmtes
Schauspiel in, wie er annehmen mußte, unerfahrene Musi-
kerhände zu geben. Für Puccini war das kein Unglück. Schon
jetzt zeigte sich eine Eigenschaft, die ihn sein ganzes Leben
begleiten sollte: Er setzte nie auf ein Pferd allein, immer beschäftigte er sich mit mehreren Stoffen und zögerte oft lange,
bis er sich endgültig entschied. Und selbst dann plagten ihn
noch Zweifel. Im Frühjahr 1889 jedenfalls kam ihm die Geschichte der Manon Lescaut in die Hände, er war gepackt von
dem leidenschaftlichen Roman des Abbé Prévost und nahm
ihn nach der Tosca-Absage sofort in die engste Wahl für seine
nächste Oper. Daß der französische Komponist Jules Massenet bereits 1884 eine Oper daraus gemacht hatte, störte ihn
nicht. »Manon ist eine Heldin, an die ich glaube«, schrieb er
an Ricordi, »und daher wird sie auch die Herzen des Publikums gewinnen.«[4] Allerdings wünschte er sich einen zuver-
lässigeren Textdichter, nachdem er mit Fontana doch so seine
Probleme hatte. (Das sollte zeit seines Lebens so bleiben, auch
mit ausgesprochen versierten Librettisten überwarf er sich
regelmäßig.) Ricordi schaffte Ruggiero Leoncavallo herbei,
der später durch seine Oper *Der Bajazzo* weltberühmt werden
sollte. Der vielseitig Begabte hatte damals die Wahl zwischen

Wort und Musik noch nicht getroffen und betätigte sich mehr auf literarischem Gebiet. Er also schrieb die erste Fassung des Manon-Textbuches. Aber Puccini konnte damit nichts anfangen und wandte sich ohne viele Umstände an seinen Freund Marco Praga, der in dem Metier noch völlig unerfahren war. Trotzdem fand Puccini dessen Manuskript ausgezeichnet, ein paar Monate später freilich paßte ihm auch hier vieles nicht mehr. Also zog er einen neuen Mann hinzu: Domenico Oliva. Und das Spiel wiederholte sich: Zuerst Zustimmung des Komponisten, dann Kritik, schließlich Bruch mit Oliva. Als vierter machte sich dann Luigi Illica über die »Manon« her, ein Journalist und Bühnenautor, der in Theaterdingen recht gut wußte, wo's lang ging. Auch Giuseppe Giacosa, ein nicht weniger geschickter Autor, steuerte das eine oder andere bei. Als ständiger Berater in allen Manon-Fragen bewährte sich dazu noch Giulio Ricordi, und als dann schließlich alles unter Dach und Fach, Puccini zufriedengestellt, die Partitur abgeschlossen und der Uraufführungstermin festgelegt war, wollte jeder der Autoren seinen Anteil an dem Werk gewürdigt sehen. So kam es denn zu der wohl einmaligen Angabe auf dem Programmzettel: Libretto von Leoncavallo, Praga, Oliva, Giacosa, Illica, Ricordi und Puccini.

Die Uraufführung der *Manon Lescaut* am 1. Februar 1893 im Teatro Regio in Turin war sozusagen der Startschuß für Puccinis Karriere. Was vorher geschehen war, kann man als reines Training betrachten. Nun konnte Puccini sich messen lassen an all den Namen, die die italienische Opernszene beherrschten: Giordano, Leoncavallo, Mascagni, Ponchielli. Selbst Verdis Ruhm schien nicht mehr unerreichbar. Publikum und Presse waren sich nach dem Abend einig, man sprach von dem Werk »eines Meisters in seiner Kunst, eines Schöpfers und Vollenders«, von einem »italienischen Genie«, von »Triumph«.[5]

Puccini dachte bei alldem schon weiter, er wollte das Eisen schmieden, solange es heiß war, auf den Erfolg also möglichst bald einen zweiten setzen. Er hatte sich mit Luigi Illica bereits auf einen neuen Opernstoff geeinigt, von dem er sich viel versprach, weil er darin Selbsterlebtes gestalten konnte: »La Bohème«. Nur gab's da Schwierigkeiten: Durch ein Gespräch mit Ruggiero Leoncavallo erfuhr Puccini zufällig, daß auch dieser an einer Bohème-Oper arbeitete. Beide stritten sich nun in öffentlichen Erklärungen und nicht gerade kollegial, wer denn als erster auf diesen Stoff gekommen sei. Da keiner bereit war, nachzugeben, setzte nun geradezu ein Wettlauf ein, bei dem jeder der beiden versuchte, sein Werk vor dem anderen herauszubringen. Puccini gewann ihn schließlich.

Doch so munter lief die Sache gar nicht. Puccini hatte sich ausbedungen, neben Illica als zweiten Textautor wieder Giacosa hinzuzuziehen. Und da auch, wie gewohnt, Giulio Ricordi als Ratgeber in die Arbeit eingriff, läßt sich bei Puccinis Empfindlichkeit gut vorstellen, daß da manchmal die Fetzen flogen. Da gingen Briefe hin und her, die sich natürlich mit der Oper befaßten, die aber fast ebensooft gegenseitige Vorwürfe und Beschwerden enthielten. Und auch Selbstanklagen. So bot Giacosa im Oktober 1893 in einem Brief an Ricordi den Rücktritt von seiner Mitarbeit an: »Ich will lieber zwei Monate harter Arbeit verloren haben, als Sie noch länger ungeduldig warten lassen ... Ich bin darüber sehr traurig, doch scheint meine Phantasie im Augenblick völlig versiegt.«[6] Puccini reagierte etwas merkwürdig darauf. Er meinte, wenn's mit der »Bohème« nicht weiterginge, dann vielleicht mit einem anderen Stoff. Darüber war nun wieder Illica aufs äußerste erbost: »Hat Puccini etwa schon genug von der ›Bohème‹? Vor ein paar Tagen erfuhr ich – für mich keine Überraschung –, daß Puccini sehr, sehr wenig daran gearbeitet hat ... Also geben Sie um Gottes willen Puccini nicht nach.«[7] Ricordi, an den diese Zeilen gerichtet waren, schrieb seinerseits – auch er nun ungehalten – am 2. November 1893 aus Paris: »Sie wissen ganz genau, wie voll Eifer Puccini war, wie er gerade dieses Sujet haben wollte ... Und nun – entschuldigen Sie den Ausdruck – macht er sich bei den ersten Schwierigkeiten in die Hosen ... Es sind nicht Hunderte, sondern Tausende von Lire, die durch Verzögerungen ... vergeudet werden.«[8] Fast feindselig äußerte sich Illica wenig später:

»Niemand ist schwerer zufriedenzustellen als einer, der Gefallen daran findet, andere arbeiten zu lassen, damit er selbst nicht zu arbeiten braucht.«[9] In einem weiteren Brief an Ricordi resümierte Illica: »Ich bedaure, daß es soviel unnötige Aufregung gibt, aber dieser Puccini kann einem schon angst machen. Unglücklicherweise lassen Sie ihn fast immer machen, was er will.«[10]

Tatsächlich kam Puccini mit der *Bohème* – trotz der vielen Umarbeitungen des Textes nach seinen Wünschen – nicht ganz zu Rande. Zum Schrecken seiner Mitarbeiter versuchte er plötzlich, auszusteigen, und erklärte, er wolle jetzt eine Oper nach der Erzählung »La Lupa« von Giovanni Verga komponieren – eine der »Cavalleria rusticana« von Pietro Mascagni ähnliche Geschichte. Er reiste eigens nach Catania, um die Sache mit Verga zu besprechen. Aber er ließ dann doch von dem Plan wieder ab und wandte sich erneut der *Bohème* zu.

Ricordi gratulierte ihm etwas sarkastisch zu seinem Entschluß, vergaß nicht, auf die monatelange Verzögerung in Sachen *Bohème* hinzuweisen und meinte schließlich: »Ich wünsche Ihnen eine Fahrkarte für den schnellsten Zug, der Sie zur Station *Bohème* bringt.«[11]

Eine aufregende Zeit also für alle Beteiligten, von denen jeder ja noch seine eigenen Geschäfte hatte: Puccini reiste zwischendurch immer wieder zu neuen Premieren der *Manon Lescaut*, Ricordi hatte in jenen Tagen mit der Vorbereitung der Pariser Erstaufführung von Verdis *Othello* zu tun, Illica arbeitete nebenbei an einem Textbuch für die Oper *Tosca* von Alberto Franchetti (der das Sujet später an Puccini abtrat), und Giacosa kümmerte sich um die Aufführung seiner Schauspiele. Immerhin lag das Bohème-Textbuch zu Beginn des Jahres 1895 fertig vor, und Puccini war im großen und ganzen zufrieden damit – was neuerliche Änderungen nicht ausschloß. Ende Januar schloß er den ersten Akt ab, am 19. Juli den zweiten und am 18. September den dritten. Ricordi war überzeugt, daß sich die unendlichen Auseinandersetzungen gelohnt hatten: »Wenn es Ihnen diesmal nicht gelungen ist,

Stammbucheintragung Puccinis mit dem Mimi-Motiv aus *La Bohème*

den Nagel auf den Kopf zu treffen, dann gebe ich meinen Beruf auf und verkaufe Salami.«[12]

Möglicherweise hat er sich das am Uraufführungstag sogar ernsthaft überlegt, denn da lief alles ganz anders als erwartet. Dabei war die Premiere aufs Sorgfältigste vorbereitet. Ricordi hatte gegen Puccinis Willen wieder das Teatro Regio in Turin ausgesucht, das die Manon-Begeisterung erlebt hatte. Er setzte auf ein »Ensemble . . ., das gleichwertig, guten Willens, von der Begeisterung befeuert ist, und wir haben, was wir brauchen.«[13] Die Mimi sang Cesira Ferrani, den Rudolf Evan Gorga (Puccini hatte für den berühmten Tenor Fernando de Lucia plädiert), und die musikalische Leitung übernahm der junge Arturo Toscanini. Puccini war's zufrieden, nur über den Bariton Tieste Wilmant, der den Marcel sang, äußerte er sich nicht gerade begeistert: »Er kapiert nichts und wird nie besser werden, auch wenn wir so viele Proben hätten wie in Bayreuth.«[14] Trotzdem sah der Komponist einen sensationellen Erfolg voraus – um so mehr, als die Premiere als Galavorstellung zu erhöhten Preisen angekündigt und mit allen publizistischen Mitteln bekanntgemacht worden war. Doch dann kam am 1. Februar 1896 die kalte Dusche: Von Begeisterung konnte keine Rede sein, der Beifall hielt sich in üblichen Grenzen, die Kritiken waren feindselig, vernichtend und ungerecht. Carlo Bersenzio, der Rezensent der »Stampa«, befand: »Die *Bohème* hinterläßt kaum Eindrücke in den Gefühlen der Zuhörer, und ebenso unbedeutend werden die Spuren sein, die sie in der Geschichte unseres Musiktheaters hinterläßt.«[15] Das Gegenteil trat dann nach der Premiere ein: Acht Vorstellungen waren vorgesehen, doch es wurden noch im gleichen Monat 24, und alle waren ausverkauft. (Umgekehrt war's übrigens bei Leoncavallos *Bohème*, die am 7. Mai 1897 in Venedig uraufgeführt wurde. Sie hatte zunächst Erfolg, verschwand dann aber mehr und mehr von den Bühnen.

Tod in Rom und Nagasaki: *Tosca* und *Madame Butterfly*

»Ich bin einstweilen ohne jede Arbeit und erwarte, daß Giacosa mir Material schickt, damit ich anfangen kann.«[16] Das schrieb Puccini am 3. Juli 1896 an Giulio Ricordi, und mit dem »Material« war das Libretto zu *Tosca* gemeint. Puccini hatte den Plan, Sardous Schauspiel auf die Opernbühne zu bringen, wieder aufgegriffen und Ricordi gebeten, die inzwischen an Alberto Franchetti gegangenen Bearbeitungsrechte zu besorgen. Das ging überraschend leicht (Franchetti fühlte sich dem Stoff offenbar doch nicht so ganz gewachsen), und die Sache hatte noch den Vorteil, daß bereits ein vollständiges Libretto von Luigi Illica vorlag, das dieser für Franchetti erstellt hatte. Puccini nahm es begeistert an, und auch Giacomo Giacosa war wieder bereit, für die Verse zu sorgen, obwohl er sich während der Bohème-Streitereien geschworen hatte, nie mehr ein

Operntextbuch zu schreiben. So hätte eigentlich alles glatt laufen können. Aber es war nun einmal so, daß Puccini erst bei der kompositorischen Arbeit entdeckte, was er für seine Musik brauchte, wo eine Szene zu lang oder zu kurz war, wie er sich einen Aktschluß vorstellte oder wer wann musikalisch besonders berücksichtigt werden mußte. So entwickelte sich auch die Entstehung der *Tosca* einigermaßen problematisch. Durchaus positiv verlief zunächst ein Besuch bei Sardou in Paris. Der berühmte Dramatiker wünschte einiges von Puccinis Tosca-Musik zu hören, und Puccini, der noch keine Note davon zu Papier gebracht hatte, spielte seinem Gastgeber kurzerhand Melodien aus seinen anderen Opern vor. Sardou war höchst angetan und überzeugt, in Puccini den idealen Komponisten für seine »Tosca« gefunden zu haben. Ein Brief von Puccini an Ricordi vom Januar 1899 über einen zweiten Besuch bei Sardou berichtet allerdings auch von unterschiedlichen Ansichten der beiden, vor allem in Detailfragen: »Heute morgen war ich eine Stunde bei Sardou, und er hat mir wegen des Finales Dinge gesagt, die nicht gehen. Er will diese arme Frau unbedingt sterben lassen, koste es, was es wolle ... Aber ich werde mich bestimmt nicht nach ihm richten ... Beim Skizzieren des Hintergrundes wollte Sardou, daß man den Tiber zwischen St. Peter und dem Kastell hindurchfließen sieht!! Ich habe ihn darauf aufmerksam gemacht, daß der Fluß auf der anderen Seite fließt, unterhalb. Und er, ruhig wie ein Fisch, erwiderte: ›Ach, das macht gar nichts!‹ Eine schöne Type voller Leben und Feuer, voller historisch-topographisch-geographischer Ungenauigkeiten!«[17]

Dieser Brief verrät über Puccini fast mehr als über Sardou: die Tatsache nämlich, daß er selbst in relativ unwichtigen Einzelheiten, die die Bühne betrafen, sehr präzise dachte. Mag sein, daß er es damit seinen Librettisten schwer machte. Zumal die ihre eigenen Probleme mit *Tosca* hatten. Zumindest Giacosa. Er fand den Stoff überhaupt ungeeignet und fürchtete – mit Recht – die ewigen Einsprüche Puccinis. Bis Ende 1896 hatte er das Seine getan und wartete auf Puccinis Reaktion. Der aber schien es auf einmal nicht mehr besonders eilig zu haben und begann erst im Frühjahr 1898, sich ernsthaft mit der Tosca-Komposition zu beschäftigen. Er war diesmal auf die Hilfe eines befreundeten Dominikanerpaters angewiesen: »Ich weiß, es ist nicht üblich, daß irgend etwas gesprochen oder gesungen wird, ehe das feierliche Tedeum beginnt ... Aber ich wiederhole (ob's nun richtig oder falsch ist), ich möchte gern etwas, das ›gemurmelt‹ werden kann, wenn sie von der Sakristei zum Altar gehen, entweder von den Priestern oder vom Volk. Das letztere wäre besser, weil es mehr Personen sind und daher musikalisch wirkungsvoller ist.«[18] Wenn Puccini das Problem dann doch selbst löste (mit Versen aus einem alten Gebetbuch), so beweist seine Anfrage doch sein Bemühen um Genauigkeit – selbst da, wo es allein um dramatische Effekte geht.

Am 29. September 1898 war die Tosca-Partitur abgeschlossen, und Puccini schickte sie mit gutem Gewissen an Ricordi. Der aber meldete unerwartet Bedenken an: »Ich habe mit klopfendem Herzen, aber mit völliger Offenheit und vollem Bewußtsein den Mut, Ihnen zu sagen: Der dritte Akt der *Tosca*, so wie er dasteht, scheint mir in Entwurf und Ausführung ein schwerer Fehler!«[19] Er begründete seine Meinung ebenso ausführlich wie sachverständig und versuchte, Korrekturen zu erreichen, indem er Puccini um den Bart ging: »Wunder bewirken die Heiligen ... und Heilige gibt es nicht mehr!! ... Falsch: Sie gehören zu den Heiligen der Musik, und also werden Sie die Wunder bewirken!!«[20] Leider half das nichts, Puccini blieb bei dem, was er komponiert hatte, und meinte: »Das hat nichts mit meinem Stolz zu tun, sondern nur mit der Verteidigung einer Arbeit, die meine Idee war und über die ich mir viele Gedanken gemacht habe.«[21] Dabei blieb's dann.

Die Uraufführung der *Tosca* fand am 14. Januar 1900 statt. Daß man Rom für die Premiere gewählt hatte, lag natürlich daran, daß die Handlung hier spielte – man spekulierte sozusagen auf den Platzvorteil. Freilich mußte dafür einiges in Kauf genommen werden. In der politischen Szene gärte es, König Umberto war bereits mehreren Attentaten entgangen (wenig später sollte er dann doch einem zum Opfer fallen), die Atmosphäre schien nicht gerade geeignet für einen Erfolg. Man wagte es trotzdem – mit einer Besetzung, die Puccinis volles Einverständnis hatte: Die rumänische Sopranistin Hariclea Darclée sang die Tosca, Emilio de Marchi den Cavaradossi und Eugenio Giraldoni den Scarpia. Leopoldo Mugnone dirigierte. Fast schien es einen Augenblick lang, daß es zu den angekündigten Störungen kommen würde. Einige Nachzügler im Publikum führten sich derart lautstark auf, daß man Schlimmeres befürchtete und den Vorhang fallen ließ. Danach aber nahm die Vorstellung ihren ungestörten Fortgang, ohne jedoch – was Puccini erwartet hatte – bejubelt zu werden. Das Publikum erklatschte zwar die Wiederholung einiger Arien, aber aufs Ganze gesehen blieb der erhoffte Triumph aus. Auch die Presse äußerte sich geteilt, man lobte das eine, tadelte das andere und vermied ein klares Votum für Puccini. Doch die Bohème-Erfahrung wiederholte sich: *Tosca* wurde noch in derselben Spielzeit 22mal vor ausverkauftem Haus gespielt.

Puccini mußte sich, wie es schien, an diese Abfolge gewöhnen. Auch das Schicksal seiner nächsten Oper sollte ähnlich verlaufen. Er hatte sich mit allen möglichen Stoffen beschäftigt (im ersten Kapitel ist die Rede davon), blieb schließlich aber an »Madame Butterfly« hängen, einem Drama des amerikanischen Schriftstellers David Belasco nach einer Erzählung von John Luther King. Puccini hatte das Stück in London gesehen und war tief beeindruckt. Nicht nur er übrigens. Luigi Illica fand die Idee, eine Oper daraus zu machen, nicht weniger reizvoll. In einem Brief an Ricordi kam er geradezu ins Schwärmen: »Die ›Butterfly‹ ist der wirkungsvollste Stoff, den Puccini jemals hatte, wirkungsvoll und neu, aber nicht einfach ... Und ich möchte hinzufügen, er ist Puccinis Eleganz besonders angemessen ... Bei unserer Selbsteinschätzung müßten wir Wunder wirken können.«[22] Das »wir« bedeutete, genaugenommen, eine Reverenz vor Puccini, denn Illica war es, der nach dem mäßigen Erfolg der *Tosca* das Handtuch geworfen hatte. Er schob das Desaster seinerzeit

Maria Jeritza in *Tosca*, New York 1922

auf das verstümmelte Textbuch und glaubte, Konsequenzen
ziehen zu müssen: ». . . wird es Sie, dessen bin ich sicher,
gewiß nicht überraschen, wenn ich, da es fraglich scheint, ob
mein bescheidenes Werk Ihre Zustimmung findet oder nicht,
von Ihnen, lieber Herr Giulio, Abschied nehme«.[23] So steht's
in einem Brief an Ricordi, aber die Aussicht, erneut von der
sich abzeichnenden Erfolgswelle Puccinis mitgetragen zu werden, hat Illica dann doch wieder umgestimmt. Und Ricordi
war das ganz recht. »Mit unserer Trinität der Autoren«, so
schrieb er an Giacosa, »werden wir auch eine Operntrinität
schaffen.«[24] Dabei war ihm sicher klar, daß nach *La Bohème*
und *Tosca* auch *Madame Butterfly* eine Schwergeburt werden
würde.

Der erste, der sich beklagte, war Puccini. Am 14. August 1901 machte er gegenüber Ricordi seinem Ärger Luft: »Kein Wort von Giacosa! Und dabei sind zehn Tage des Aufschubs verstrichen. Dieses Leben kann so nicht weitergehen.«[25] Doch es ging weiter – wie gewohnt mit gegenseitigen Vorwürfen und Beschuldigungen. Immerhin: Die Arbeit machte Fortschritte, und Puccini nahm es auch diesmal wieder ganz genau. Um das notwendige japanische Kolorit in seine Partitur einzubringen, wandte er sich an die Frau eines japanischen Gesandten. Sie sollte ihm Originalmusik aus Japan verschaffen und auch sonst Ratschläge geben, was japanische Lebensgewohnheiten oder Namen betraf. Seinem Verleger berichtete er darüber: »Ich habe ihr in Kürze das Libretto erzählt, und es hat ihr gefallen, um so mehr, als sie, wie sie sagt, eine Geschichte kennt, die der ›Butterfly‹ ganz ähnlich ist und die sich in Wirklichkeit zugetragen hat ... Sie ist sehr intelligent und auf eine sympathische Weise häßlich.«[26]

Es ging also voran mit der *Butterfly*, und Puccini arbeitete mit großem Vergnügen an der Oper. Freilich: Als er sich mit Illica geeinigt hatte, aus den ursprünglich vorgesehenen drei Akten zwei zu machen, mochte Giacosa nicht mehr mitspielen. Er hielt das für eine aller theatralischen Praxis widersprechende Idee. Puccini verlegte sich aufs Bitten: »Verlaß mich nicht bei der schönsten meiner Opern.«[27] Giacosa verließ ihn nicht – die nach dem Mißerfolg der Uraufführung wiederhergestellte Fassung in drei Akten mag ihm später Genugtuung gegeben haben. So wäre alles in Ordnung gewesen, wenn nicht ein Autounfall Puccinis die Arbeit verzögert hätte. Doch am 27. Dezember 1903, abends zehn Minuten nach elf, war es dann soweit: Die Butterfly-Partitur lag fertig vor, und Puccini meinte, sie sei »nicht übel ausgefallen«.[28]

Um so weniger war er auf das gefaßt, was ihn am 17. Februar 1904, dem Uraufführungstag, in der Mailänder Scala erwartete. Der Abend endete als Katastrophe. Es gab zwar ab und zu Beifall, aber er klang gequält und verriet die Gleichgültigkeit des Publikums. Und wenn sich im Verlauf der Vorstellung immer wieder einige Krakeeler bemerkbar machten und für

Unruhe sorgten, so rührte sich am Ende keine Hand: eine tödliche Situation für alle Beteiligten (unter ihnen Rosina Storchio als Butterfly, Giovanni Zenatello als Linkerton und Cleofonte Campanini als Dirigent). Kein Zweifel: Hinter allem steckte ein abgekartetes Spiel. Der Kritiker von »Musica e Musicisti« traf sicher den Nagel auf den Kopf, wenn er schrieb: »Die Vorstellung im Zuschauerraum war genauso gut vorbereitet wie die auf der Bühne.«[29] Ein Komplott der Gegner also? Das auch, aber nicht nur. Anderes hat wohl auch mitgespielt: Einmal die tatsächlich nicht glückliche Einteilung in nur zwei Akte, deren zweiter deshalb übermäßig lang dauerte. Dann hatte man den Unmut des Publikums vielleicht auch damit provoziert, daß während der Vorbereitungszeit so gut wie keine Nachricht nach außen drang. Selbst die Presse erfuhr praktisch nichts. Und das bei einer Puccini-Uraufführung! Daß unter solchen Umständen auch die Kritiken entsprechend ausfielen, war kaum anders zu erwarten. Da gab's ausgesprochen gehässige Urteile (»Puccinis großes Fiasko«, »Das Ergebnis eines Unfalls«), aber gelegentlich doch auch versöhnliche Reaktionen, so in der Zeitung »Secolo«, wo es hieß: »Butterfly bedeutet eine Pause zwischen den früheren Werken und dem, was uns Puccini in Zukunft schenken wird.«[30]

Was Puccini der Welt zunächst schenkte, war eine in aller Eile auf drei Akte gebrachte Butterfly. Diese Fassung wurde am 28. Mai 1904 in Brescia aufgeführt, zum Teil in der Mailänder Besetzung. Nur Rosina Storchio mußte passen, sie war mit Arturo Toscanini bereits auf einer Südamerika-Tournee. »Ich glaube«, so hatte Puccini ihr bereits am 22. Februar 1904 geschrieben, »Butterfly ohne Rosina Storchio – das wird eine Sache ohne Seele.«[31] So war's nun wirklich nicht, denn Salomea Kruseniski, eine ukrainische Sopranistin mit Wagner-Erfahrung, bewältigte die Partie der Butterfly nicht weniger eindrucksvoll. Das Wunder jedenfalls geschah: In ihrer überarbeiteten Form erlebte Madame Butterfly einen phänomenalen Erfolg, das begeisterte Publikum erzwang viele Dacapos und unzählige Vorhänge. Es dürfte Puccini besonders befriedigt haben, nun zustimmende Kritiken zu lesen von Leuten, die ein Vierteljahr vorher die Oper in Grund und Boden verdammt hatten. Die *Butterfly* begann ihren Siegeszug.

Ein Western und eine Operette: *Das Mädchen aus dem Goldenen Westen* und *Die Schwalbe*

Zielstrebigkeit war Puccinis Sache nicht, wenn er nach einem neuen Opernstoff suchte. Das Kokettieren mit allen möglichen Plänen setzte nach jeder Uraufführung in schöner Regelmäßigkeit ein und nahm nach *Madame Butterfly* besonders schillernde Züge an. Etwas »Großartiges, Neues, Gefühlsstarkes« schwebte ihm vor, »etwas, was es bisher noch nicht gab«.[32] Puccini griff zunächst sehr hoch, nicht einmal Schillers »Wilhelm Tell« oder Shakespeares »Romeo und Julia«, die Ricordi ihm vorschlug, waren ihm recht. Auch für Victor Hugos Roman »Der Glöckner von Notre Dame« konnte er sich nicht erwärmen. Eher reizten ihn schon Geschichten des russischen Dichters Maxim Gorki, wenigstens eine Zeitlang. Dann wandte er sich an Gabriele d'Annunzio, den wohl bedeutendsten italienischen Dichter seiner Zeit. Von ihm erhoffte er sich ein geeignetes Stück, obwohl frühere Kontakte zu nichts geführt hatten. Doch auch diesmal wurde nichts daraus – vor allem, weil Puccini zwei Entwürfe d'Annunzios abgelehnt hatte, was der Dichter als Affront empfand. Puccini konnte sich das inzwischen leisten, auch er war schließlich seinem Ruf einiges schuldig. Außerdem mußte er voll überzeugt sein von einem Stoff. Zeitweilig war er es von dem Roman »La femme et le pantin« von Pierre Louÿs. *Conchita* sollte die Oper heißen, aber schon nach wenigen Besprechungen mit dem Librettisten Maurice Vaucaire verlor Puccini das Interesse. Dann war da immer noch »Marie Antoinette«, die ihn früher schon beschäftigt hatte. In der Not kam er jetzt wieder darauf zurück – zur Freude Luigi Illicas, der seit Jahren mit diesem Stoff befaßt war. Fast hektisch fielen die beiden nun darüber her, aber ihre Begeisterung ging bald in den gewohnten Streitereien unter, die – einmal mußte das ja kommen – schließlich zum Bruch zwischen Puccini und Illica führten.

Mag sein, daß all das Puccinis Entscheidung für seinen nächsten Opernplan beschleunigt hat. Inzwischen war er auf einer Amerikareise auf ein Stück von David Belasco aufmerksam geworden, dem er ja schon das Butterfly-Sujet verdankte. Es hieß »Das Mädchen aus dem Goldenen Westen«, und Puccini war höchst angetan von der brillanten Broadway-Inszenierung dieser Geschichte einer Saloon-Besitzerin zu Goldgräberzeiten, deren Liebe zu einem gesuchten Verbrecher selbst dessen hartgesottene Rächer beeindruckt. Das für eine Oper ungewöhnliche Milieu faszinierte Puccini, möglicherweise aber auch die Tatsache, endlich einmal mit einem Happy-End zu tun zu haben. Anstelle von Illica machte sich der Bologneser Schriftsteller Carlo Zangarini an das neue Libretto. Die gemeinsame Arbeit ließ sich gut an, und Puccini war überzeugt, die neue Oper verspreche »eine zweite *Bohème* zu werden, aber lebensvoller, kühner, insgesamt eine Nummer größer«.[33] Wie immer, wurde sein Optimismus zwischendurch von seiner Kritik an der Arbeit des Textdichters beeinträchtigt. Offenbar hatte er sich inzwischen so an die Mitarbeit mehrerer Literaten gewöhnt, daß er Zangarini die Sache allein nicht zutraute und energisch nach einem zweiten Librettisten verlangte – natürlich unter Zangarinis Protest. Aber was half's: Puccini glaubte, in dem 35jährigen Romanautor Guelfo Civinini den Richtigen gefunden zu haben, und tatsächlich war er mit dessen Überarbeitung des Zangarini-Entwurfs weitgehend zufrieden. Die Komposition wurde durch verschiedene Reisen mehrmals unterbrochen, deren Erfolge aber immer wieder neuen Ansporn bedeuteten. Am 28. Juli 1910 meldete Puccini in einem Brief an Ricordi die Vollendung der Partitur: »Gestern abend wurden ... die Akten über Minnie und Genossen geschlossen. Gelobt sei Gott.«[34] Er war sich ziemlich sicher, mit dem *Mädchen aus dem Goldenen Westen* seine beste Oper geschrieben zu haben.

Man kam sehr rasch überein, die Uraufführung diesmal nicht an die Mailänder Scala oder sonst an eine italienische Bühne zu vergeben, sondern an die Metropolitan Opera in New York. Der Stoff legte das nahe, außerdem konnte Puccinis Marktwert in Amerika dadurch nur noch gesteigert werden. Fest stand von Anfang an, daß Arturo Toscanini dirigieren würde, und beide besprachen die Partitur in seltener Einmütigkeit – was durchaus nicht selbstverständlich war bei zwei so eigenwilligen Musikern. Im Oktober 1910 begann Toscanini mit den Proben, im November kam Puccini nach und verfolgte die Einstudierung mit Rat und Tat. Auch Belasco war mit von der Partie. Er kümmerte sich vor allem um die darstellerischen Probleme des Ensembles. In seiner Selbstbiografie »My Life's Story« gab er eine recht drastische Schilderung davon: »Dann begannen sie ohne Anlaß, die Schultern hochzuziehen, Grimassen zu schneiden und mit den Händen zu gestikulieren. Ich beschloß, dies ein für allemal abzustellen. Ich ... stellte sie mit dem Rücken gegen Bäume oder Felsen ... Wenn ein Chorsänger mit dem Gebrauch seiner Arme einfach nicht zurechtkam, ließ ich ihn ganze Szenen lang die Hände in die Taschen stecken.«[35]

Diese Präzision in bühnenpraktischen Dingen ließ Puccini nicht unbeeindruckt, für ihn lief das alles sehr zufriedenstellend – vor allem auch deshalb, weil zwei Stars wie Emmy Destinn und Enrico Caruso die Hauptrollen sangen. Als absolutes Novum kam noch dazu, daß ein europäischer Komponist vom Rang eines Puccini eine seiner Opern in Amerika uraufführen ließ. Die Presse zeigte sich deshalb schon während der Vorbereitungszeit höchst interessiert und aufgeschlossen. Als dann schließlich die öffentliche Generalprobe mit großem Erfolg aufgenommen wurde, war für die Uraufführung am 10. Dezember 1910 nur das Beste zu erwarten. Und die Hoffnungen trogen nicht: Die Met erlebte einen der ganz großen Tage in ihrer Geschichte. Seit Wochen waren die Eintrittskarten vergriffen, und das Gedränge der Neugierigen

Caruso in *Das Mädchen aus dem Goldenen Westen*

am Premierenabend nahm Formen an, die das Eingreifen der Polizei notwendig machten. Alles, was Rang und Namen hatte, befand sich im Zuschauerraum: Mitglieder des Diplomatischen Korps, hohe Generäle, berühmte Schauspieler, Schriftsteller und Komponisten (unter ihnen auch Engelbert Humperdinck, der Schöpfer der Märchenoper *Hänsel und Gretel*). Puccini wurde als Held gefeiert, der Schlußbeifall wollte nicht enden, und die Presse überschlug sich am nächsten Morgen – wenigstens in den Schlagzeilen. Die Kritiken selbst gaben sich vorsichtiger, und wenn darin die Meinung geäußert wurde, der Erfolg sei weniger Puccinis Musik als der Inszenierung Belascos zu verdanken, und wenn an anderer Stelle zu lesen war, ein amerikanischer Stoff müsse halt doch von einem Amerikaner komponiert werden – dann lag darin vielleicht eine verständliche Portion Patriotismus. Jedenfalls waren die Ansichten der Fachleute geteilt – für Puccini keine neue Erfahrung. Er konnte trotzdem darauf vertrauen, daß die geplanten Aufführungen in Europa seine Stellung unter den lebenden Opernkomponisten bestätigen würden.

Bestätigung brauchte Puccini in jenen Tagen. Giulio Ricordi war gestorben, mit dessen Sohn Tito vertrug er sich nicht mehr, und im übrigen spürte er, daß er älter wurde. Merkwürdigerweise wandte er sich mit dem, was ihn beschäftigte, an seine Frau Elvira, die ihn nie so recht verstanden hatte. Aus dem Sommer 1913 datiert eine resignierte Bestandsaufnahme an sie: »Der Tod ist ein großer Freund. Ich habe kein Interesse mehr an mir selbst. Wohin ich mich auch wende, sehe ich Häßlichkeit, böse Taten . . . Ich bin alt, und es spielt keine Rolle, wenn ich nicht alt sein will – ich bin es eben. Ich habe in meinem Leben so viel gelitten, daß ich genug von allem habe . . . Ich habe kein Libretto, ich habe keine Arbeit, mein Verleger ist mein Feind, aus den Freunden, die ich habe . . . mache ich mir nichts mehr, oder sie taugen nichts.«[36]

Wie sollte unter solchen Depressionen eine neue Oper entstehen? Und doch mußte es sein, denn bei seiner Bedeutung erwartete die Welt von Puccini Neues, und auch er selbst brauchte die schöpferische Arbeit als notwendiges Korrelat zu seinen Lebensproblemen. Wieder wurden alle möglichen Ideen aufgegriffen: »Die drei Musketiere« von Alexandre Dumas d. Ä., »Johannisfeuer« von Hermann Sudermann, »Hanneles Himmelfahrt« von Gerhart Hauptmann, »Liliom« von Franz Molnár. Selbst der schwierige Gabriele d'Annunzio wurde wieder angeschrieben, aber was er anbot, fand bei Puccini wenig Gegenliebe. Er hatte nach des Komponisten Meinung »ein kleines, unförmiges Monstrum zur Welt gebracht, das weder laufen noch leben kann«.[37] Auch an einen Stoff, »in dem es richtig lustig zugeht«, dachte Puccini (obwohl es nach seinen bisherigen Werken durchaus nicht feststand, daß ihm eine komische Oper gelingen könnte). Trotzdem fand er zunächst wieder an einer recht rührseligen Geschichte Gefallen, dem Drama »Zwei kleine Holzschuhe« von Marie-Louise de la Ramée, die sich Quida nannte. Der Wiener Verlag Herzmansky-Doblinger machte Puccini ein äußerst lukratives Angebot: Er wollte die neue Oper für 400000 Kronen übernehmen. Doch der Komponist bekam die Rechte an dem Stück nicht, und so zerschlug sich das Ganze. Wieder griff er einen früheren Plan auf: drei in ihrem Inhalt verschiedene Einakter. Und in dem Drama »La Houppelande« des französischen Schriftstellers Didier Gold fand er tatsächlich den ersten davon: eine Story von Eifersucht und Totschlag auf einem Pariser Schleppkahn. Puccini machte sich mit Eifer an das Sujet und gewann Giuseppe Adami als Textdichter.

Eine Reise nach Wien, wo Ende 1913 *Das Mädchen aus dem Goldenen Westen* aufgeführt wurde, brachte ihn dann auf völlig andere Gedanken. Die Direktion des Karlstheaters schlug ihm vor, eine Operette zu schreiben. Aber selbst ein finanziell großzügiges Angebot und der Hinweis, auch die Operette sei doch schließlich eine anerkannte Kunstgattung, ließen Puccini ablehnen. Er fürchtete wohl ein bißchen um seinen Ruf. Dann aber fand er doch Spaß an der Sache und erklärte sich bereit, die Operette *Die Schwalbe* nach einem Libretto von Alfred Maria Willner (er gehörte zu den ständigen Librettisten Franz Lehárs) und Heinz Reichert zu komponieren. Giuseppe Adami übersetzte das Buch ins Italienische, und Puccini war zunächst Feuer und Flamme. Bald aber mochte er den Stoff nicht mehr und arbeitete eher widerwillig daran. Verständlich bei dieser harmlosen und oberflächlichen Liebesgeschichte aus dem Paris des Zweiten Kaiserreichs: Im Salon des Bankiers Ramboldo ist Gesellschaft. Für die Unterhaltung der Gäste sorgt vor allem der Dichter Prunier. Er schwelgt in Berichten über die romantisch-sentimentale Liebe, wie sie in Paris gerade Mode ist, und fasziniert damit auch Magda, die Geliebte des Hausherrn. Sie läßt sich von ihm die Zukunft aus der Hand lesen und erfährt etwas nebulos, sie würde »gleich einer Schwalbe hinziehen übers Meer zu einem herrlichen Traumland«. Tatsächlich verliebt sie sich im Restaurant »Chez Bullier« in Roger, mit dem sie ihrem ebenso angenehmen wie leeren Dasein an der Seite Ramboldos an die Côte d'Azur entflieht. Roger ist überwältigt von ihrer Liebe und will sie heiraten. Magda wiederum sieht sich außerstande, bei ihrer zwiespältigen Vergangenheit seinem ehrlichen Werben zu folgen und verläßt ihn.

Die Vollendung der *Schwalbe* verzögerte sich, weil an eine im Vertrag vorgesehene Uraufführung in Wien durch den Kriegseintritt Italiens (Mai 1915) nicht zu denken war. Im übrigen zeigte sich Puccinis Verlag Ricordi nicht interessiert an dem Werk, was Puccini veranlaßte, beim Konkurrenzverlag Sonzogno anzufragen. Dort griff man sofort zu und betrieb eine Uraufführung im neutralen Monaco. Sie fand am 27. März 1917 in Monte Carlo statt, mit Gilda dalla Rizza und Tito Schipa in den Hauptrollen. Gino Marinuzzi, ein von Puccini besonders geschätzter Dirigent, leitete die Vorstellung. Sie brachte Beifall, Erfolg, gute Kritiken und die Verleihung des St.-Charles-Ordens für Puccinis Verdienste. Aber es gab auch – wieder einmal – eine Pressekampagne gegen Puccini und Raoul Gunsbourg, den Intendanten der Oper von Monte Carlo, wegen ihrer Zusammenarbeit mit einem feindlichen Land (die österreichischen Verleger hatten für die Uraufführung ihre Genehmigung geben müssen). Aber auch das ging vorüber, schließlich war Puccini Angriffe gewohnt – ob nun künstlerische oder, wie in diesem Fall, politische.

Drei – eine Glückszahl? *Der Mantel, Schwester Angelica* und *Gianni Schicchi*

Noch während der Arbeit an der *Schwalbe* griff Puccini wieder seine Triptychon-Idee auf und beschäftigte sich mit deren erstem Teil, *Der Mantel,* nach Didier Golds Schauspiel »La Houppelande«. Giuseppe Adami lieferte ihm das Libretto und am 25. November 1916 lag die fertige Partitur vor. Was Puccini nun suchte, waren die noch fehlenden Teile, die sich nach seiner Vorstellung wesentlich unterscheiden sollten von der düsteren Mordgeschichte in Paris. Der Schriftsteller Giovacchino Forzano verschaffte sie ihm. Seine beiden Vorschläge sagten Puccini sofort zu: Der eine mit dem Titel »Schwester Angelica« behandelte das Schicksal einer Frau, die nach der Geburt eines unehelichen Kindes von ihrer adeligen Familie ins Kloster geschickt wird und sich vergiftet, als sie vom Tod dieses Kindes erfährt. Die zweite von Forzanos Ideen geht auf eine Episode aus Dantes »Göttlicher Komödie« zurück und erzählt von dem Schlaumeier Gianni Schicchi, der das Testament des reichen Buoso Donati fälscht und sich dabei – zum Ärger der Verwandtschaft des Verstorbenen – das meiste selbst zuschanzt.

Die Komposition der beiden Einakter ging Puccini flott von der Hand – hauptsächlich deshalb, weil er von Forzanos Arbeit so angetan war, daß er auf einen zweiten Textdichter verzichtete. Am 14. September 1917 schloß er die Partitur der *Schwester Angelica* ab, am 18. April 1918 die des *Gianni Schicchi.* Natürlich bestand keine Aussicht, *Das Triptychon* in Italien uraufzuführen, das Land befand sich ja immer noch im Kriegszustand. Puccini war traurig darüber, an seine Londoner Freundin Sybil Seligman schrieb er am 8. Juni 1918: »Ich habe die drei Opern vollendet, und sie werden zum ersten Mal in New York gegeben ... Ich hätte meine neue Musik so gerne selbst gehört, und ich habe gehofft, der Krieg sei im November vorüber. Aber es scheint, als sollten wir nie mehr erleben, daß die Welt wieder in Ordnung ist.«[38]

Es kam zwar am 11. November 1918 zum Waffenstillstand

für Italien, aber Puccini sah keine Möglichkeit, zur Uraufführung des *Triptychons* am 14. Dezember 1918 nach New York zu reisen – eine schmerzliche Tatsache für ihn, der er doch bis jetzt noch jede seiner Opern mit aus der Taufe gehoben hatte. Der Direktor der Met, Giulio Gatti-Casazza, hatte Verständnis dafür und bemühte sich, Puccini durch regelmäßige Nachrichten über die Probenarbeit auf dem laufenden zu halten. Im übrigen hatte er für die bestmögliche Besetzung gesorgt: Roberto Moranzini dirigierte (nach eingehenden Gesprächen mit Puccini in Viareggio), die weibliche Hauptrolle im *Mantel* sang Claudia Muzio, die Schwester Angelica Geraldine Farrar und den Gianni Schicchi Giuseppe de Lucca. Es gab ein ausverkauftes Haus und viel Beifall, der allerdings in erster Linie *Gianni Schicchi* galt. Die beiden anderen Teile des *Trittico* wurden eher kühl aufgenommen. Und die Presse reagierte ähnlich, man lobte den Witz in *Gianni Schicchi*, fand den *Mantel* immerhin noch am interessantesten von den drei Opern und bescheinigte der *Schwester Angelica*, sie sei »süßlich«, »nachgemachter Maeterlinck« und »unwahr«.[39]

Puccini tat solche Kritik weh – um so mehr, als sein Herz gerade an *Schwester Angelica* hing. Als sein Verleger Ricordi die Erlaubnis gab, das Mittelstück des *Triptychons* auszuklammern und nur den *Mantel* und *Gianni Schicchi* aufzuführen, protestierte er und meinte: »Es macht mich wirklich unglücklich, die beste der drei Opern beiseite gelegt zu sehen.«[40] Er registrierte natürlich auch, daß seine drei Einakter die Spielpläne der Theater nicht in gleichem Maß beherrschten wie etwa *Manon Lescaut*, *La Bohème*, *Madame Butterfly* oder *Tosca*. So ging er denn wieder auf die Suche nach einem neuen Stoff, mit dem er das als Ganzes doch nur unbefriedigend gelungene *Triptychon* wieder wettmachen konnte.

Puccini war Praktiker. Nachdem von seinen drei Einaktern der *Gianni Schicchi* am besten ankam, schien es ihm ratsam, an diesen Erfolg anzuknüpfen und wieder eine Komödie zu schreiben. Forzano schlug ihm die Gestalt des Kesselflickers Christopher Sly aus Shakespeares »Der Widerspenstigen Zähmung« vor, und der Komponist stimmte zu: Das war's, was ihm vorschwebte. Trotzdem überlegte er sich auch anderes – etwa eine Geschichte, die in der Gegend von Lucca spielte, mit Feen, Elfen und sonstigen märchenhaften Zutaten. Davon nun wollte Forzano nichts wissen. So verging fast ein Jahr, bis eine Entscheidung fiel. Der Schriftsteller Renato Simoni hatte ihn auf »Turandot« aufmerksam gemacht, ein Theaterstück des venezianischen Dramatikers Carlo Gozzi über ein chinesisches Märchen. Das Schauspiel stammte aus dem Jahr 1786 und wurde in ganz Europa viel aufgeführt. Als Puccini auch noch die »Turandot« von Friedrich Schiller gelesen hatte, stand seine Wahl fest: Hier war ein Stück, das großen Bühnenaufwand ermöglichte, dazu feierliche Aufzüge und eindrucksvolle Chorszenen – dramaturgische Mittel, von denen er bislang kaum Gebrauch gemacht hatte. Mit Feuereifer ging er an das Projekt. An Giuseppe Adami, den er neben Simoni für das Libretto angeheuert hatte, schrieb er am 23. Oktober 1919: »Sie haben also mit Simoni den Kampfplatz betreten? Nur Mut! Und pressen Sie sich Hirn und Herz aus, um für mich etwas zu schaffen, das die Welt weinen machen soll.«[41] Und er fügte etwas Aufschlußreiches hinzu: »Man sagt, Sentimentalität sei ein Zeichen von Schwäche. Aber ich finde es so schön, schwach zu sein! Den sogenannten ›starken Männern‹ überlasse ich die Erfolge, die in nichts zergehen: für uns sind die, welche bleiben!«[41]
Zehn Monate später sah's dann wieder anders aus. An seinen Freund Carlo Paladini schrieb Puccini am 15. August 1920: »Ich bin vorsichtig und voller Bedenken wie immer. Niemand kann einen Lucchesen hereinlegen.«[42] Puccinis Mißtrauen war unbegründet, Adami und Simoni taten ihr Bestes. Trotz-

dem zeigte sich Puccini ungeduldig, drängte in einem fort und stellte in einem Brief an Adami vom 10. November 1920 fest: »Ich glaube, daß *Turandot* niemals vollendet wird . . . Werde ich vielleicht müde, mutlos – von der Last der Jahre, den Seelenqualen und meiner nie endenden Unzufriedenheit niedergedrückt? Wer weiß das?«[43]

Niemand wußte es – aber Puccini ahnte es. Seine Bemühungen um die *Turandot* waren wechselweise geprägt von Zuversicht und Resignation. Wieder einmal krittelte er an seinen Librettisten herum, machte ihnen Vorwürfe wegen ihrer Langsamkeit und fühlte sich – im ganzen doch zu Unrecht – von ihnen alleingelassen. Im Sommer 1921 wurde der 1. Akt fertiggestellt, und Puccini schlug als »kleine Änderung« überraschend die Umarbeitung der Oper auf zwei Akte vor (die Butterfly-Misere hatte er offenbar vergessen). Adami und Simoni lehnten ab, erneut war Puccini erbost und ließ sich von den einschlägigen Auseinandersetzungen so zermürben, daß er Hilfe bei Giovacchino Forzano suchte und ihn heimlich bat, ihm einen anderen Opernstoff vorzuschlagen. Doch das war nur eine momentane Reaktion des Unwillens, die *Turandot* blieb weiter auf seinem Arbeitsplan, wenngleich er damit nur langsam und mit Mühen vorankam. Endlich, im März 1924, hatte er die Partitur so gut wie abgeschlossen – nur das vorgesehene große Schlußduett fehlte noch. Zwei Monate später schrieb er an Sybil Seligman: »*Turandot* liegt da, unvollendet. Aber ich will sie vollenden – nur im Augenblick habe ich keine Lust dazu.«[44] Das hinderte nicht, daß er bereits an die Uraufführung dachte und große Hoffnungen auf Arturo Toscanini setzte, der mittlerweile als führender italienischer Dirigent galt und die Premiere dirigieren sollte. Doch im Verlauf des Jahres 1924 machten Puccini die chronischen Beschwerden mit seinen Atemwegen zu schaffen. Sie wurden so unerträglich, daß er verschiedene Ärzte konsultierte und schließlich im November nach Brüssel reiste, um sich dort operieren zu lassen. An den Folgen des Eingriffs starb er am 29. November 1924 – *Turandot* blieb unvollendet. Der Komponist Franco Alfano ergänzte den Schluß nach Puccinis Skizzen, und am

25. April 1926 wurde die Oper an der Mailänder Scala urauf-geführt – aus Respekt vor dem toten Komponisten übrigens nur bis zu der Stelle, an der Puccini abgebrochen hatte. Tosca-nini brach hier auch die Vorstellung ab und erklärte dem Publikum, daß mit diesem Takt Puccinis Arbeit zu Ende sei. Nach ergriffenem Schweigen brach dann ein einziger Beifalls-sturm für Puccini los. Der »Corriere della Sera« berichtete darüber am folgenden Tag: »Der Künstler weilte gestern un-ter uns mit der ganzen Trauer seiner Tragödie. ›Falls es mir nicht vergönnt ist, die Oper zu beenden‹ – so hatte Puccini, seinen nahen Tod ahnend, eines Tages ausgerufen –, so soll an der betreffenden Stelle einer an die Rampe treten und sagen: Bis hierher hat der Autor seine Musik vollendet, dann starb er. Gestern endete die Oper an jenem Punkt, wo der Maestro sie hat verlassen müssen. So zog *Turandot* wie ein lebendiges Symbol des Künstlerlebens an uns vorüber: eine kurze Reihe von Beifall und Erfolg, unterbrochen von der Pause der Ewig-keit.«[45] Erst bei der zweiten Aufführung wurde *Turandot* vollständig gespielt.

Die Werke in Einzeldarstellungen

MANON LESCAUT
Lyrisches Drama in vier Akten

TEXT: Marco Praga, Domenico Oliva, Luigi Illica, Giuseppe
Giocosa, Giulio Ricordi und Giacomo Puccini
DEUTSCHE ÜBERSETZUNG: Ludwig Hartmann
TEXTKORREKTUREN: Joachim Herz, Joachim Popelka und
Georg C. Winkler

DER STOFF

Wenn sich zwei Menschen ihre Liebe eingestehen, können sie
recht unterschiedliche Vorstellungen davon haben. Stoßen
extreme Ansichten aufeinander, dann wird ein Drama daraus.
Ein solches bewegte die Gemüter, als der französische Dichter
Antoine-François Prévost d'Exiles im Jahre 1728 begann, sein
Hauptwerk »Erinnerungen und Abenteuer eines Mannes von
Stande« zu veröffentlichen. Denn darin findet sich die »Ge-
schichte des Chevaliers Des Grieux und der Manon Lescaut«.
Sie erzählt von der unwandelbaren Liebe des jungen Mannes
aus gutem Hause zu einem einfachen, von der eigenen Schönheit geblendeten Mädchen, für das Liebe nur Mittel zum
Zweck ist, ein angenehmes Leben zu führen. Eine solche Geschichte kann des Interesses der Leser sicher sein. Prévosts
Roman wurde denn auch im Lauf der Jahre zu einem beliebten
Buch und – was natürlich nahelag – für die Bühne bearbeitet,
speziell für die Musikbühne. 1830 machten Eugène Scribe
und Fromental Halévy ein Ballett daraus, als Oper erschien
der Stoff 1856 (Daniel-François-Esprit Auber) und – mit

nachhaltigerem Erfolg – 1884 mit Jules Massenets *Manon*. Wenig später fand auch Puccini Gefallen daran, war sich aber klar darüber, daß er der Geschichte andere Aspekte abgewinnen mußte, wollte er nicht als Plagiator erscheinen. Ihm, dem Italiener, fiel das nicht besonders schwer, da er sich nicht so an das literarische Original gebunden fühlte wie etwa Massenet. Puccinis Interesse galt weniger dem »anständigen« Mann, dessen Leben durch ein leichtsinniges Mädchen ruiniert wird, sondern diesem Mädchen, das von der ungebrochenen Liebe ihres Freundes in ihren Empfindungen verändert und schließlich überwältigt wird. Er selbst meinte dazu: »Massenet empfindet als Franzose, mit Puder und Menuetts. Ich als Italiener spüre die rasende Leidenschaft darin.«[1] Mit sicherem Instinkt erkannte er den Unterschied zwischen sich und seinem französischen Kollegen und meinte deshalb auch, eine so außergewöhnliche Frau wie Manon Lescaut könne sich ohne weiteres zwei Liebhaber unter den Komponisten leisten.

DIE PERSONEN

Manon Lescaut, *Sopran*
Lescaut, ihr Bruder, Sergeant der königlichen Garde, *Bariton*
Chevalier Des Grieux, *Tenor*
Géronte de Ravoir, Steuerpächter, *Baß*
Edmont, ein Student, *Tenor*
Der Wirt, *Baß*
Ein Musiker, *Mezzosopran*
Ein Ballettmeister, *Tenor*
Ein Lampenanzünder, *Tenor*
Ein Sergeant der Bogenschützen, *Baß*
Ein Seekapitän, *Baß*
Ein Perückenmacher, *stumme Rolle*
Bürgerinnen und Bürger, Studenten, Musiker, Soldaten, Seeleute und Gefangene, *Chor*

Frankreich und Nordamerika, Anfang des 18. Jahrhunderts

DIE HANDLUNG

1. Akt: Vor der Pariser Poststation in der nordfranzösischen Stadt Amiens geht's munter zu: Alle möglichen Leute flanieren über den Platz, hübsche Damen und gepflegte Herren beleben das Bild, dazu Soldaten in adretten Uniformen und eine Gruppe von Studenten. Sie geben sich besonders lebhaft, natürlich trinken sie, plaudern ungeniert, bandeln mit jungen Mädchen an und nehmen ihren Freund Des Grieux hoch, der bisher offenbar nicht allzu großes Glück bei Frauen hatte. Er seinerseits macht sich über die promenierenden Mädchen lustig, die sich daraufhin beleidigt abwenden: eine alltägliche Szene also, die aber sofort eine Wendung nimmt, als der Postwagen aus Paris eintrifft. Unter seinen Passagieren nämlich, die hier in Amiens Station machen, sind der Sergeant Lescaut und seine Schwester Manon. Um sie hat sich offensichtlich schon während der Reise der wohlhabende Steuerpächter Géronte de Ravoir bemüht. Er und Lescaut kümmern sich um die Zimmer im Gasthof, während Manon plötzlich Des Grieux gegenübersteht, der bei ihrem Anblick sofort Feuer gefangen hat. Er spricht sie an und erfährt, daß ihr Bruder sie nach dem Willen ihres Vaters in ein Kloster bringen wird, was Des Grieux ihr sofort auszureden versucht. Manon ist nicht unempfänglich für solche Gedanken, meint aber, daß sie im Augenblick nicht weiter darüber reden könne. Sie verspricht Des Grieux, sich später, wenn's ruhiger geworden ist auf dem Platz, noch einmal mit ihm zu treffen. Lescaut hat inzwischen mit dem Wirt alles geregelt, setzt sich zu den Studenten, trinkt und spielt mit ihnen. Géronte nützt die Zeit besser: Er ordert beim Wirt einen Wagen, der nach Einbruch der Dunkelheit eine Dame mit einem Herrn nach Paris bringen soll. Der Student Edmond wird Zeuge dieses Gesprächs und ahnt natürlich, was Géronte im Schilde führt. Brühwarm erzählt er die Geschichte Des Grieux weiter, und der entschließt sich, ohne viel zu überlegen, Manon selbst zu entführen. Sie kommt, wie verabredet, ziert sich zwar noch ein bißchen, geht aber auf Des Grieux' Vorschlag ein, als sie erfährt, daß der alte Géronte mit ihr abhauen wollte. Den leidenschaftlichen Liebeserklärungen ihres neuen Freundes konnte sie sowieso nicht mehr widerstehen, und so besteigen die beiden in aller Eile den vorfahrenden Wagen. Natürlich hat der inzwischen betrunkene Lescaut von all dem nichts mitgekriegt und wird mit Géronte, der aus dem Haus kommt und wütend den Betrug merkt, weidlich ausgelacht.

2. *Akt:* Von Liebe allein kann der Mensch nun einmal nicht leben. Manon jedenfalls fühlte sich nach einer überschwenglichen Zeit mit Des Grieux nicht mehr so ganz wohl in seinen Armen. Eine allzu kleine Wohnung und unzureichende Geldmittel kühlten ihre Leidenschaft ab. Sie verließ Des Grieux und wurde nun doch die Geliebte des reichen Géronte, wobei sich ihr Bruder als Vermittler betätigte. Nun hat sie, was sie sich wünschte: Geld, Garderobe, Schmuck, einen feudalen Salon. Aber auch der Wohlstand langweilt sie mehr und mehr, und so trifft sie auch Lescaut wieder etwas unzufrieden bei ihrer Morgentoilette an. Er hält sich zwar einiges zugute darauf, daß er ihr zu diesem sorglosen Leben verhelfen konnte. Trotzdem erzählt er, daß Des Grieux immer noch an sie denkt und um ihretwillen zum Spieler geworden ist. Da bricht's aus Manon heraus: Sie sehnt sich schrecklich nach Des Grieux, den sie seinerzeit ohne Abschied verlassen hat und der um die ungetreue Geliebte noch kämpft – wenn auch mit Falschspielen. Sie will, sie muß ihn wiedersehen. Kein Wunder, daß sie in dieser Stimmung ein Ständchen, das einige von Géronte zu ihrer Unterhaltung bestellte Musiker vortragen, eher gelangweilt über sich ergehen läßt. Auch eine anschließende Tanzstunde absolviert sie nur deshalb zum Entzücken der anwesenden Herren, weil sie dabei Gelegenheit hat, all ihren Charme und ihre Koketterie auszuspielen. Danach will sie

Manon Lescaut, 2. Akt, Anna Tomowa-Sintow als Manon Lescaut, Nationaltheater München

den Gästen zu einer abendlichen Ausfahrt folgen, als sie sich plötzlich Des Grieux gegenübersieht. Während sich die beiden erneut ihre Liebe gestehen, kehrt Géronte zurück, macht Manon Vorwürfe wegen ihrer Untreue und wird von ihr tief beleidigt. Zornig verschwindet er mit der Drohung, bald wiederzukommen. Jetzt bleibt nur noch die Flucht für Manon und Des Grieux. Rasch packt sie noch einige Schmuckstücke zusammen, aber es ist bereits zu spät. Lescaut berichtet atemlos, es sei eine Polizeieinheit unterwegs, denn Géronte habe Manon angezeigt. Der erscheint alsbald selbst mit einigen Polizisten, vor Schreck läßt Manon ihre Mantille mit dem Schmuck fallen und wird wegen Diebstahls verhaftet. Des

Manon Lescaut, 2. Akt, Anna Tomowa-Sintow und Placido Domingo in den Hauptrollen, Nationaltheater München

Grieux will mit dem Degen dazwischenfahren, aber Lescaut meint, es ginge jetzt doch nur darum, Manon wieder freizubekommen.

3. Akt: Des Grieux hat alles mögliche unternommen, um Manon zu retten – ohne Erfolg: Sie wurde des Landes verwiesen und sitzt nun mit anderen Verurteilten in einer Kaserne am Hafen von Le Havre. Sie alle sollen nach Amerika deportiert werden. Lescaut und Des Grieux haben einen letzten Versuch zu Manons Befreiung vorbereitet und warten jetzt auf die mit einem bestochenen Soldaten abgesprochene Zeit. Aber die Sache geht schief, die gefangenen Frauen werden vorgeführt und aufs Schiff gebracht. Des Grieux ist verzweifelt. Manon nimmt Abschied von ihm, als ein Sergeant aber die beiden rüde auseinanderreißt, legt sich Des Grieux mit ihm an. Dem Kommandanten gegenüber verlegt er sich dann vernünftigerweise aufs Bitten: Er wolle mit Manon aufs Schiff und nur bei ihr sein, dafür auch alle Arbeit tun, die man von ihm verlangt. Der Kommandant ist beeindruckt von einer solch unverbrüchlichen Treue und willigt ein.

4. Akt: Manon und Des Grieux bleiben zusammen – auf dem Schiff und dann in Amerika. Dort gelingt ihnen die Flucht, die ihnen zwar die Freiheit, aber auch unsägliche Mühen bringt. Völlig erschöpft wanken sie durch eine unermeßliche Ebene, weit und breit kein Mensch, keine Nahrung, kein Wasser. Manon ist am Ende, sie hat hohes Fieber und bittet Des Grieux, ihr doch wenigstens etwas Wasser zu besorgen. Er macht sich auf den Weg, und Manon erinnert sich derweil an ihr verpfuschtes Leben, klagt ihre Schönheit an und das, was sie daraus gemacht hat. Als Des Grieux unverrichteter Dinge zurückkommt, bricht ihr Lebenswille endgültig, sie schafft sich nur Trost mit dem Gedanken, daß wohl ihre Sünden vergessen würden, ihre Liebe aber ewig bleibe. Sie stirbt in den Armen des Geliebten.

DIE MUSIK

Es war durchaus ein gewisses Risiko für Puccini, nach Massenets Manon-Erfolg denselben Stoff noch einmal für die Opernbühne aufzubereiten. Aber er konnte es wagen, weil er fühlte, daß seine Manon anders aussehen würde. Ihm schien die eher spielerische Art, mit der Massenet das wankelmütige Geschöpf des Rokoko behandelt hatte, nicht angemessen. Er sah das Tragische in dieser Figur, und seine Manon-Partitur verrät das auf Schritt und Tritt. Verschiedentlich zwar erinnert er musikalisch an die Zeit, in der die Geschichte spielt (etwa gleich zu Beginn des 1. Akts oder mit dem Madrigal und dem Menuett im 2. Akt), aber das sind eher formelle Anspielungen. Die eigentlichen Qualitäten seiner Vertonung liegen in der sensiblen Schilderung Manons und ihres traurigen Schicksals. Harmonik und Melodiebildung verraten den psychologisch empfindenden Musiker in Puccini, der auch den kleinsten Regungen nachzugehen weiß. Dabei hat er sein Herz so sehr an Manon verloren, daß er ihr in Des Grieux weniger einen Gegenpart mit eigener musikalischer Charakteristik an die Seite gibt, als vielmehr ein gleichgesinntes Pendant. Besonders eindrucksvolle Musikpassagen sind Manons wehmütige Erinnerung im 2. Akt (»In dieser weißen Spitzenpracht«) und ihre Abrechnung mit dem Leben im 4. Akt (»Einsam von aller Welt verlassen«), Des Grieux' Arie »Nie sah ich je ein Wesen« im 1. Akt und – sehr beliebt – das Intermezzo vor dem 3. Akt, das Manons Reise als Gefangene nach Le Havre schildert.

LA BOHÈME
Szenen aus Henri Murgers »Vie de Bohème« in vier Bildern

TEXT: Luigi Illica und Giuseppe Giacosa
DEUTSCHE ÜBERSETZUNG: Ludwig Hartmann
NEUERE ÜBERTRAGUNG: Hans Swarowsky

DER STOFF

In den Jahren 1847 bis 1849 veröffentlichte der französische Schriftsteller Henri Murger (1822–1861) seine »Szenen aus dem Leben der Bohème« als Fortsetzungsroman in der Zeitschrift »Le Corsaire«. Erst die Dramatisierung durch Théodore Barrière machte den Autor und sein Werk weiten Kreisen bekannt. Puccinis Interesse an diesen Geschichten um mittellose Künstler, geschwätzige Halbphilosophen, leichtlebige Mädchen und verkrachte Existenzen geht zweifellos auf seine Studienzeit in Mailand zurück, wo er die Licht- und Schattenseiten eines Lebens in diesem Milieu kennengelernt hatte. Trotzdem begann die intensive Beschäftigung mit dem Sujet erst, als auch Ruggiero Leoncavallo daran arbeitete und jeder mit seiner Bohème-Oper der erste sein wollte. In mühseligen und von vielen Auseinandersetzungen belasteten Monaten fertigten Luigi Illica und Giuseppe Giacosa (unter Puccinis gelegentlich geradezu dickköpfiger Mithilfe) das Libretto an. Die notwendige Beschränkung auf nur wenige Szenen des Originals und – auch hier wieder – Puccinis besondere Liebe zu der Gestalt der Mimi führten zu Abweichungen gegenüber der literarischen Vorlage. Finden Murgers Bohemiens am Ende den Weg in die »ordentliche« bürgerliche Gesellschaft, so bleiben sie in Puccinis *Bohème* die Außenseiter und sind am Ende genauso arm wie am Anfang, reicher allenfalls um menschliche Erfahrungen. Und aus den beiden Frauengestalten Mimi und Francine bei Murger wird eine einzige: eben Mimi, der – wie vordem Manon – Puccinis ganzes Mitgefühl gehört. In der *Bohème* festigt sich das Verständnis des Komponisten für die liebende und leidende Frau, und das sollte ein wichtiges Kriterium für sein Werk überhaupt werden.

DIE PERSONEN

Rudolf, ein Dichter, *Tenor*
Schaunard, ein Musiker, *Bariton*
Marcel, ein Maler, *Bariton*
Collin, ein Philosoph, *Baß*
Bernard, der Hauswirt, *Baß*
Mimi, *Sopran*
Musette, *Sopran*
Parpignol, *Tenor*
Alcindor, *Baß*

Zollbeamter, *Baß*
Näherinnen und Hutmacherinnen, Bürger und Soldaten, Studenten, Kellner und Kinder, *Chor*

ORT UND ZEIT

Paris, um 1830

DIE HANDLUNG

1. Bild: In einem Atelier – mit Blick auf die verschneiten Dächer von Paris – leben vier »bedeutende« junge Leute: der Dichter Rudolf, der Musiker Schaunard, der Maler Marcel und der Philosoph Collin. Zwei von ihnen, Rudolf und Marcel, sind gerade zu Hause und frieren zum Erbarmen. Sie überlegen sich, womit sie den Ofen der Mansarde einigermaßen in Gang halten können. Marcel stellt seine Leinwand zur Verfügung, doch Rudolf hält mehr von seinem Dramen-Manuskript, an dem er gerade schreibt (das stinkt nicht so wie brennende Ölfarben). Inzwischen ist Collin hereingekommen – stocksauer, weil heute, am Weihnachtstag, das Leihhaus früher geschlossen hat und er einen Packen Bücher nicht mehr losgeworden ist. Das Geld dafür war für ein angemessenes Festessen gedacht. Aus er Klemme hilft nun Schaunard, der mit zwei jungen Burschen auftritt und lauter leckere Dinge auftischen läßt: köstliche Speisen, herrlichen Wein und Zigarren. Außerdem hat er einen Stapel Brennholz dabei und – Geld. Verdient hatte er es bei einem spinnösen Engländer, dessen Papagei er zu Tode spielen sollte (was er der Einfachheit halber dann doch heimlich mit Gift erledigt hat). Jetzt herrscht beste Stimmung unter den Freunden – man läßt sie sich durch nichts verderben, nicht einmal durch den Hauswirt, der ausgerechnet heute die rückständige Miete kassieren will. Die vier verwickeln ihn in ein angeregtes Gespräch, dichten ihm alle möglichen Amouren an (was dem biederen Mann

natürlich schmeichelt) und werfen ihn wegen seines »unmoralischen« Lebenswandels schließlich hinaus – ohne die Miete bezahlt zu haben, versteht sich. Dann brechen sie auf, um in dem berühmten Café Momus im Quartier Latin gemeinsam den Weihnachtsabend zu verbringen. Nur Rudolf bleibt zurück, er will noch rasch einen Zeitungsartikel zu Ende schreiben. Da klopft's, ein Mädchen steht in der Tür und bittet ihn um ein Streichholz für ihre erloschene Kerze. Sie scheint krank zu sein, ein Hustenanfall macht ihr zu schaffen, und Rudolf bietet ihr ein Glas Wein an. Sie verabschiedet sich wieder, kehrt aber noch einmal zurück, weil sie ihre Wohnungsschlüssel vergessen hat. Da die Zugluft plötzlich beider Kerzen auslöscht, suchen sie im Dunkeln nach dem Schlüssel – und dabei kommen sie sich näher: Mimi, die einfache Näherin, und Rudolf, der hoffnungsvolle Dichter. Und sie spüren, was sie einzig verbindet: eine ganz plötzliche und nicht mehr stillbare Liebe.

2. Bild: Auf dem Platz vor dem Café Momus im Quartier Latin ist Hochbetrieb: In den Läden stauen sich die Kunden, die ihre Weihnachtseinkäufe tätigen, Kinder drücken sich an den Schaufenstern die Nasen platt, Soldaten promenieren mit ihren Mädchen, Polizisten sehen nach dem Rechten, und die Tische vor dem Café sind voll besetzt. Auch Marcel, Schaunard und Collin kaufen ein und lassen sich schließlich an dem einzigen noch freien Tisch nieder. Bald kommen Mimi und Rudolf dazu (sie mit einem eben erstandenen modischen Häubchen), und man plaudert über alle möglichen Dinge. Da nimmt an dem eben freiwerdenden Nachbartisch ein sonderbares Paar Platz: ein älterer Herr mit einem reichlich geschmacklos aufgetakelten jungen Mädchen. Es ist Musette, Marcels Verflossene, die mit ihrer neuen Eroberung offensichtlich auch nicht viel Glück hat und sofort wieder mit Marcel kokettiert, nachdem sie ihren Galan Alcindor weggeschickt

La Bohème, 1. Bild, Mirella Freni und Luciano Pavarotti in den Hauptrollen, Nationaltheater München

La Bohème, 2. Bild, Nationaltheater München

hat. Als man schließlich aufbrechen will und überrascht fest-
stellt, daß von Schaunards Geld nichts mehr übriggeblieben
ist, sorgt Musette dafür, daß Alcindor die Rechnung für sie
alle bezahlt und verschwindet in ausgelassener Stimmung mit
den Freunden.

3. Bild: Alles scheint in Ordnung: Mimi hat Rudolf, Musette
hat Marcel. Aber so einfach geht's halt einmal nicht im Leben,
und auf der Bühne schon gar nicht. Musette und Marcel leben
zusammen in einem Gasthaus an der Grenze – trotz dauern-
der Streitereien wohl ganz zufrieden. Nur bei Mimi und Rudolf kriselt's ernsthaft. Rudolf macht seine Eifersucht zu
schaffen und der Gedanke, daß sich Mimis Krankheit in seiner

zugigen Wohnung nur verschlechtert hat. Er kam zu Marcel,
um ihm sein Herz auszuschütten. Genau dasselbe tut nun
Mimi, auch sie sucht Rat bei Marcel, der wesentlich unproble-
matischer über die Liebe denkt und überzeugt ist, daß nur
»die singende und lachende Liebe« anhält. Aus einem Gespräch, das Mimi unbeobachtet mit anhört, erfährt sie, wie
sehr sich Rudolf quält, und ist entschlossen, ihrer beiden Probleme zu lösen: Sie will sich von ihm trennen. Noch einmal
schwelgen beide in seligen Erinnerungen, während Musette
und Marcel ein eindrucksvolles Beispiel dafür geben, was man
sich unter »singender und lachender Liebe« vorzustellen hat:
eine keifende Szene voller Vorwürfe und Verbalinjurien.
Aber: »C'est la vie.«

4. Bild: Im Dachatelier des 1. Bildes sind Rudolf und Marcel bei der Arbeit: Rudolf dichtet, Marcel malt. Aber beide kommen von der Vergangenheit nicht los. Rudolf erzählt, er habe Musette in einem vornehmen Wagen fahren sehen, und Marcel behauptet dasselbe von Mimi. Unglücklich sind sie beide, und ihre Stimmung hellt sich erst auf, als Schaunard und Collin heimkommen, die ein bißchen was zu essen auftreiben konnten. Fast hysterisch simulieren sie alle vier ein aufwendiges Diner und führen einen Tanz auf, bei dem Schaunard und Collin sich ein groteskes Duell mit Ofenschaufel und Feuerzange liefern. In diese hektische Szene stürzt Musette herein: Mimi sei todkrank und wollte unbedingt hierher. Rudolf nimmt die Geliebte in die Arme und versorgt sie. Und jeder der anderen bemüht sich, der Sterbenden noch einen Gefallen zu tun: Musette opfert ihre Ohrringe für Medikamente und besorgt einen Muff, nach dem Mimi verlangt hat, Collin nimmt seinen alten Mantel, um ihn zu Geld zu machen, und Schaunard zieht sich zurück, um Mimi und Rudolf allein zu lassen. Die beiden finden sich zum letzten Mal in einem leidenschaftlichen Liebesgespräch, aber Mimi fühlt sich immer schwächer. Als die Freunde zurückkehren, kann sie sich gerade noch über den Muff freuen. Dann stirbt sie, von Rudolf weinend umarmt.

DIE MUSIK

La Bohème ist Puccinis gelungenste Partitur. Was sie im Vergleich zu *Manon Lescaut* auszeichnet, ist eine noch empfindsamere Charakterisierung von Personen und Situationen. Dazu kommt eine formale Disziplin, die das Ausufern der üppigen Melodik in sentimentale Bereiche weitgehend verhindert. Das knappe Kopfthema des 1. Bildes ist einem Jugendwerk entnommen, dem *Capriccio sinfonico* für großes Orchester aus dem Jahr 1883. Es steht für die Unbedenklichkeit des Boheme-Lebens ebenso wie für dessen Fragwürdigkeit und sichert vom ersten Ton an jene hektische Nervosität, die selbst dem scheinbar Harmlosen Gewicht und Interesse gibt. Mit größtem Geschick sind die Ensembles gearbeitet (das ganze 2. Bild etwa und der Schluß des 3. Bildes), mit außerordentlicher Feinfühligkeit die Personen gestaltet: die leichtfertige Musette (mit ihrem berühmten Walzer im 2. Bild), die in ihrem Wesen so unterschiedlichen Freunde und natürlich Mimi und Rudolf, deren große Szene im 2. Teil des 1. Bildes zum Schönsten gehört, was die italienische Oper nach Verdi vorzuweisen hat. Eine wahre Glut der Empfindungen durchzieht die Melodien, mit denen diese beiden Gestalten ausgestattet sind. Was die harmonische Seite der *Bohème* betrifft, so fallen an Puccinis Handschrift zwei Eigentümlichkeiten besonders auf: übermäßige Dreiklänge und Quinten in jeder Form, zum Beispiel in diatonischer Aneinanderreihung von Dreiklängen im 2. Bild (als Schilderung des Weihnachtstrubels) oder zu Beginn des 3. Bildes, wo leere Quinten den frostigen Wintermorgen, gleichzeitig aber auch die hoffnungslosen Beziehungen der Liebenden charakterisieren.

TOSCA
Musikdrama in drei Akten

TEXT: Luigi Illica und Giuseppe Giacosa
DEUTSCHE ÜBERSETZUNG: Max Kalbeck
NEUERE ÜBERTRAGUNG: Günther Rennert

DER STOFF

Zu den größten Erfolgen des französischen Schriftstellers Victorien Sardou (1831–1908) gehört das 1887 in Paris uraufgeführte Schauspiel »La Tosca« – die tragische Geschichte einer leidenschaftlichen Liebe vor dem Hintergrund der französisch-österreichischen Kriege an der Wende zum 19. Jahrhundert. Napoleon hatte damals die Habsburger aus Italien vertrieben und damit vor allem bei jungen Italienern freiheitliches Gedankengut geschürt. Bald allerdings holten sich die Habsburger ihre Macht zurück, und jetzt stand natürlich so mancher Revolutionär auf der Abschußliste. Der Maler Cavaradossi ist einer von ihnen, seine Auseinandersetzung mit den reaktionären politischen Kräften und die Verstrickung seiner Geliebten, der Sängerin Tosca, in diese Entwicklung, sind Gegenstand der Handlung. Sie spielt am Tag des erneuten Sieges Napoleons über das österreichische Heer (14. Juni 1800 bei Marengo). Freilich interessierten Puccini weniger die politischen Wirren jener Tage, sondern ihre Auswirkungen auf das persönliche Schicksal zweier Menschen, die davon betroffen sind: Cavaradossi, weil er bedingungslos für die Freiheit eintritt, und Tosca, die ihm darin aus Liebe folgt, obwohl sie eher konservativ denkt. Luigi Illica und Giuseppe Giacosa richteten Sardous Drama für die Opernbühne ein, und obwohl es sich der erfolggewohnte Autor nicht nehmen ließ, seine Vorstellungen von dem Libretto mit einzubringen (sie wurden nur teilweise verwirklicht), ahnte er doch, daß die Tage seines Schauspiels gezählt seien und daß Puccinis Musik dem Stück zu dauerhaftem Erfolg verhelfen könne.

DIE PERSONEN

Floria Tosca, berühmte Sängerin, *Sopran*
Mario Cavaradossi, Maler, *Tenor*
Scarpia, Polizeichef, *Bariton*
Cesare Angelotti, *Baß*
Spoletta, Polizeiagent, *Tenor*
Sciarrone, Polizist, *Baß*
Der Mesner, *Bariton*
Ein Schließer, *Baß*
Ein Hirt, *Knabenstimme*

Ein Kardinal, der Staatsprokurator, Roberti, der Gerichtsbüttel, ein Schreiber, ein Offizier und ein Sergeant, *stumme Rollen*
Geistliche, Kapellsänger, Soldaten, Polizeiagenten, Volk, *Chor*

ORT UND ZEIT

Rom, Juni 1800

DIE HANDLUNG

1. Akt: In Rom geht's drunter und drüber. Wieder einmal haben sich die Machtverhältnisse geändert. Angelotti, der ehemalige Konsul der Republik, war nach der Rückkehr der österreichischen Herrschaft in der Engelsburg eingesperrt worden, konnte aber fliehen und versucht jetzt, unterzutauchen. In einer Familienkapelle der Kirche Sant'Andrea della Valle hat ihm seine Schwester, die Marchesa Attavanti, Frauenkleider versteckt – sie sollen ihm bei seinen Plänen helfen. In schmutziger Sträflingsmontur und seelisch am Ende betritt er die Kirche, sucht und findet den Schlüssel zur Kapelle und verschwindet darin – gerade rechtzeitig, um nicht von dem Mesner bemerkt zu werden, der seinen Geschäften nachgeht. Dazu gehört auch die Versorgung des Malers Cavaradossi, der mit einem Altarbild beauftragt wurde, mit Essen und sauberem Malgerät. Der biedere Kirchendiener ist dem jungen Künstler mit seinen fortschrittlichen Ansichten nicht besonders grün, wie einem Gespräch mit dem gerade zurückkehrenden Cavaradossi zu entnehmen ist. Der macht sich indessen wieder an das angefangene Gemälde der Maria Magdalena. Der Mesner verzieht sich, und Angelotti, der die Kirche leer glaubt, wagt sich aus der Kapelle. Zuerst zu Tode erschrocken, erkennt er dann in Cavaradossi einen alten Freund. Der Maler ist denn auch gleich bereit, ihm zu helfen. Im Moment aller-

dings ist das nicht möglich, weil Tosca, eine prominente Sängerin, ihren Geliebten Cavaradossi in der Kirche aufsucht, um mit ihm für den Abend ein Rendezvous auszumachen. Nach einigen eifersüchtigen Vermutungen über eventuelle Seitensprünge ihres Freundes läßt sie sich dann doch von seiner Treue überzeugen und geht – von Cavaradossi fast gedrängt, der nun endlich mit Angelotti den weiteren Fluchtplan absprechen kann und ihm den Schlüssel zu seiner Villa gibt. Es ist auch höchste Zeit, denn ein Kanonenschuß verrät den beiden, daß Angelottis Flucht aus der Engelsburg inzwischen entdeckt worden war, was nur eine rücksichtslose Fahndung nach ihm auslösen kann. Angelotti und Cavaradossi machen sich eiligst aus dem Staub, und nicht weniger aufgeregt kommt der Mesner mit der Nachricht von einem neuen Sieg über Napoleon. Ihm folgen Geistliche, Kapellsänger und Mönche, um sich für das anberaumte Fest-Tedeum fertigzumachen. Außerdem erscheint Roms Polizeichef Scarpia mit einem Suchkommando: Eine Spur zu Angelotti führte in diese Kirche, wo nun zwar nicht der Gesuchte, wohl aber ein Fächer seiner Schwester, der Marchesa Attavanti, gefunden wird. Scarpia recherchiert und verhört den Mesner, der ihm Cavaradossis Namen nennt. Als nun auch Tosca die Kirche betritt, um ihr Rendezvous mit dem Maler abzusagen, weil sie heute abend vor der Königin singen muß, versteht es Scarpia, der ihre Beziehungen zu Cavaradossi kennt, sie mit Hilfe des Fächers eifersüchtig zu machen. Sie eilt davon, um ihren Freund zur Rede zu stellen – nicht ahnend, daß sie zum Wegweiser für Scarpias Polizisten wird. Während des Tedeums ergeht sich Scarpia zufrieden in der diabolischen Vorstellung, daß es ihm sicher gelingen werde, Angelotti und Cavaradossi an den Galgen zu bringen, Tosca dagegen in sein Bett.

2. *Akt:* Zunächst scheint alles nach Scarpias Plänen zu gehen. Er sitzt beim Abendessen und erwartet positiven Bericht über

Tosca, 3. Akt, Placido Domingo als Mario Cavaradossi, Nationaltheater München

Tosca, 3. Akt, Nationaltheater München

die angeordneten Nachforschungen. Tosca läßt er ausrichten, daß er sie nach der Messe, in der sie zu singen hat, bei sich erwarte – wohl wissend, daß die Liebe zu Cavaradossi sie in seine Arme treiben wird. Als der Polizeiagent Spoletta gleich darauf eintritt und gesteht, Angelotti nicht gefunden zu haben, bekommt Scarpia einen Tobsuchtsanfall. Er beruhigt sich allerdings rasch, als er erfährt, daß immerhin Cavaradossi verhaftet werden konnte. Und der scheint einiges zu wissen. Scarpia läßt ihn vorführen, und während durch das offene Fenster die Klänge der Messe zu hören sind, bei der Tosca als Solistin mitwirkt, dringt er in Cavaradossi, Angelottis Versteck zu verraten. Der Maler gibt vor, nichts von all dem zu wissen, und er bleibt auch dabei, als Scarpia ihn der Folter

übergibt. In diesem Augenblick erscheint Tosca. Auch von ihr erfährt Scarpia nichts. Erst als die Folter härter wird und Cavaradossis Schreie zu hören sind, hält sie's nicht mehr aus und gibt Angelottis Versteck preis. Der geschundene Cavaradossi wird hereingetragen, trotz aller Schmerzen aber stößt er Tosca von sich, als er merkt, daß sie die Wahrheit gesagt hat. In diesem Augenblick kommt die Nachricht von Napoleons Sieg über die Österreicher bei Marengo, und Cavaradossi bricht in einen Jubelgesang aus, was seine Situation nur noch verschlimmert: Nun ist ihm der Tod gewiß – es sei denn, Tosca wäre bereit, sich dem teuflischen Scarpia hinzugeben, um dafür Cavaradossis Leben und Freiheit einzutauschen. Der skrupellose Polizeichef erpreßt sie, reagiert auf ihre Weigerung nur mit Hohn und treibt sie in ihrer Angst dann doch zum Äußersten: Sie will ihm für eine Nacht gehören, wenn er Cavaradossi am Leben läßt. Scarpia verspricht es, gibt den Befehl, daß der Maler nur zum Schein erschossen wird und stellt ihr für die Flucht einen Passierschein aus. Während er schreibt, nimmt Tosca heimlich ein Messer vom Tisch, und als Scarpia sie endlich in die Arme schließen will, stößt sie ihm das Messer in die Brust. Triumphierend sieht sie ihn sterben. Dann aber legt sie ihm doch ein Kruzifix auf die Brust – in ihrer naiven Frömmigkeit ist kein Platz für Rachegefühle. Sie nimmt den Passierschein an sich und verläßt das Zimmer.

3. Akt: Es ist Nacht, Rom schläft. Aber in der Engelsburg tut sich einiges. Hier ist Cavaradossi in Haft und erwartet noch vor Morgengrauen seine Hinrichtung. Er wird einem Proto-kollbeamten vorgeführt, den er bittet, einen letzten Brief an Tosca schreiben zu dürfen. Während er dabei seinen Erinne-rungen nachhängt, erscheint Tosca und zeigt ihm den von Scarpia ausgestellten Passierschein, der beide in die Freiheit führen soll. Sie berichtet Cavaradossi auch, daß sie Scarpia umgebracht hat und daß seine, Cavaradossis, Erschießung zum Schein sozusagen aus optischen Gründen notwendig wä-re, er müsse sich dabei nur totstellen. Beide schwärmen von einer gemeinsamen Zukunft in Frieden und Freiheit – nicht ahnend, daß selbst der tote Scarpia noch Macht über ihr Schicksal hat. Sein Befehl nämlich, Cavaradossi nur zum Schein zu erschießen, war eine Finte. Die Schüsse des Exeku-tionskommandos sind echt, Cavaradossi sinkt zu Boden, und Tosca erkennt mit Entsetzen, daß alles Täuschung war. Zu allem Überfluß ist inzwischen auch der Mord an Scarpia ent-deckt worden, und der Verdacht fällt sofort auf Tosca, seine letzte Besucherin. Sie kann ihren Verfolgern nicht mehr ent-kommen und stürzt sich von der Plattform der Engelsburg in den Tod.

Jeder Tosca-Akt hat seinen musikalischen Schlager: Im 1. Akt singt Cavaradossi seine berühmte »Staffelei-Arie« (»Wie sich die Bilder gleichen«), im 2. Akt appelliert Tosca mit ihrem »Gebet« (»Nur der Schönheit weiht' ich mein Leben«) vergeblich an Scarpias Mitleid, und im 3. Akt hat noch einmal Cavaradossi Gelegenheit, seine tenoralen Qualitäten vorzuführen (»Und es blitzten die Sterne«). Diese Nummern sind sehr einprägsam in ihrer Melodik. Aber die eigentlichen Werte der Tosca-Musik liegen tiefer. Sie offenbaren sich zum Beispiel in bewußt herausgearbeiteten Gegensätzen, wobei Puccini zweimal zum gleichen Mittel greift: Der Schluß des 1. Akts bezieht seine Spannung aus den Klängen eines Tedeums, das von Scarpias wollüstigen Gedanken nur allzu weltlich kontrapunktiert wird. Und im 2. Akt wirkt das schneidende Verhör Cavaradossis um so peinigender, da im Hintergrund eine geistliche Kantate erklingt, bei der Tosca mitsingt: Anbetung Gottes und menschliche Grausamkeit in gleichzeitiger Überlagerung als effektvolles Stilmittel des erfahrenen Musikdramatikers. Fast noch stärker (und oft als unerträglich gescholten) ist der Eindruck der Befragung Toscas durch Scarpia, während aus dem Nebenraum die Schmerzensschreie des gefolterten Cavaradossi zu hören sind. Mag Puccini in einer solch naturalistischen Darstellung nach Meinung mancher Kritiker auch zu weit gegangen sein, so sorgte er doch für einen Ausgleich durch die eingängige Melodik vieler anderer Szenen, etwa der beiden großen Duette zwischen Tosca und Cavaradossi im 1. und 3. Akt. Dabei besteht vom ersten Takt der Oper an kein Zweifel darüber, daß es kein Happy-End geben wird. Das unheimliche Scarpia-Motiv, mit dem *Tosca* beginnt, gibt den Ton an, es zieht sich in allen möglichen Schattierungen durch die drei Akte. Dem Stoff entsprechend zeigt die Tosca-Partitur – im Vergleich zur *Bohème* – ein grelleres, härteres und an gegensätzlichen Ausdrucksmitteln reicheres Bild.

MADAME BUTTERFLY
(Madama Butterfly)
Tragödie einer Japanerin in drei Akten

TEXT: Luigi Illica und Giuseppe Giacosa
DEUTSCHE ÜBERSETZUNG: Alfred Brüggemann
NEUERE ÜBERTRAGUNG: Hans Hartleb

DER STOFF

Wie *Manon Lescaut, La Bohème* und *Tosca* geht auch *Madame Butterfly* auf eine literarische Vorlage zurück – auch diesmal (sicher nicht zufällig) auf eine sehr erfolgreiche. Puccini lernte das gleichnamige Schauspiel von David Belasco (nach einer Novelle von John Luther Long) in London kennen. Möglicherweise lag der Geschichte sogar eine tatsächliche Begebenheit zugrunde. Obwohl Puccini nur wenige Worte englisch verstand, war er sofort gefesselt von dem Schicksal der betrogenen Japanerin. Aber er folgte damit auch einem Zug der Zeit, die um die Jahrhundertwende viel Gefallen an exotischen Dingen fand. Überall wurde Außereuropäisches gesammelt, Malerei und Dichtung jener Jahre zeigen vor allem chinesische und japanische Einflüsse. In der Musik hatten solche Tendenzen ihren deutlichsten Niederschlag in zwei Operetten gefunden: in *Der Mikado* von Arthur Sullivan (1895) und in *Die Geisha* von Sidney Jones (1896). Das alles mag Puccinis Interesse erhöht haben. Voller Optimismus schrieb er am 16. November 1903 aus Torre del Lago an Giulio Ricordi nach Mailand: »Ich bin gewiß, mein Publikum zu fesseln und es nicht unbefriedigt nach Hause zu schicken, wenn ich es so mache.«[2]

DIE PERSONEN

Tscho-tscho-san, gen. Butterfly, *Sopran*
Suzuki, ihre Dienerin, *Mezzosopran*
Kate Linkerton, *Mezzosopran*
F. B. Linkerton, amerikanischer Marineleutnant, *Tenor*
Sharpless, amerikanischer Konsul, *Bariton*
Goro, Heiratsvermittler, *Tenor*
Yamadori, ein Fürst, *Tenor*
Onkel Bonze, Priester, *Baß*
Yakusidé, Tscho-tscho-sans Onkel, *Baß*
Der kaiserliche Kommissar, *Bariton*
Der Standesbeamte, *Baß*
Die Mutter Tscho-tscho-sans, *Mezzosopran*
Das Kind Tscho-tscho-sans, *stumm*
Verwandte, Freundinnen und Freunde Tscho-tscho-sans und
Diener, *Chor*

ORT UND ZEIT

Nagasaki, um 1900

DIE HANDLUNG

1. Akt: Andere Länder, andere Sitten – vor allem auch andere
Ehegesetze. Diese Tatsache verhilft dem amerikanischen Marineleutnant F. B. Linkerton zu einem Abenteuer in Japan. Er
hat sich in die 15jährige Geisha Tscho-tscho-san, gen. Butterfly, verliebt. Um bei der streng erzogenen jungen Dame aus
einem verarmten Adelsgeschlecht an das vordergründige Ziel
seiner Wünsche zu kommen, muß er sie heiraten. Für ihn,
den fortschrittlichen Amerikaner, der sich den alten japanischen Bräuchen überlegen fühlt, ist das kein Problem. Nach
japanischem Recht nämlich kann er die Ehe wieder lösen,
wann es ihm paßt. Also läßt er sich durch Goro, einen Tee-

hausbesitzer, bei dem Tscho-tscho-san arbeitet, ein Haus auf einer Anhöhe bei der Stadt Nagasaki vermitteln und kauft es für 999 Jahre. Hier soll nun auch die Hochzeit stattfinden. Goro ist gerade dabei, Linkerton die Vorzüge des Hauses vorzuführen – man kann Decken und Wände verschieben und so die Zimmer nach Lust und Laune verändern. Außerdem stellt er dem Amerikaner die einheimischen Angestellten vor: Suzuki, die persönliche Betreuerin Tscho-tscho-sans, dann den Hausdiener, den Koch. Linkerton zeigt sich an diesen Leuten nicht sonderlich interessiert, er taut erst auf, als der zur Hochzeit eingeladene amerikanische Konsul Sharpless eintrifft. Ihm gesteht er offen, daß es ihm mit der Heirat gar nicht so ernst ist – schließlich will er ja nur die hübsche Butterfly besitzen. Der Konsul warnt ihn zwar und meint, Butterfly denke darüber ganz anders. Aber das hindert den leichtsinnigen Leutnant nicht, mit Sharpless auf seine Ehe mit einer »echten Amerikanerin« anzustoßen. Als dann Butterfly mit ihren Freundinnen eintrifft, ist er wieder hingerissen von ihrem Charme, ihrer Natürlichkeit, ihrer jugendlichen Frische und läßt sich ihre Höflichkeits-Formalitäten mit ironischer Genugtuung gefallen. Natürlich mokiert er sich auch über die nun auftretende Hochzeitsgesellschaft mit dem Regierungskommisar, dem Standesbeamten, den Verwandten. Da wird geplappert und getuschelt, man betrachtet das neue Familienmitglied neugierig und aufdringlich, so daß Butterfly und Linkerton kaum Gelegenheit zu einem privaten Gespräch finden. Immerhin kann sie ihm erzählen, daß sie im katholischen Missionshaus war und sich von den japanischen Göttern losgesagt hat, um nun nach Linkertons Glauben zu leben. Dann wird – nach japanischem Ritus – die kurze Trauung vollzogen, begleitet von den Glückwünschen der Verwandten. Die harmonische Feier freilich wird bald gestört, denn mit wütendem Geschrei erscheint Butterflys Onkel Bonze, der von ihrem Besuch im Missionshaus erfahren hat und sie nun in höchstem Zorn verflucht, weil sie ihrem alten Glauben untreu geworden ist. Linkerton weist ihn kurzerhand hinaus, aber die ganze Verwandtschaft ist jetzt empört und verläßt das Haus –

mit einer Abtrünnigen will man nichts mehr zu tun haben. Die zutiefst erschrockene Butterfly findet ihre Fassung erst wieder in Linkertons Armen.

2. Akt: Jahre sind seit Butterflys Hochzeit vergangen, sie lebt, verstoßen von ihren Verwandten, allein mit ihrer Dienerin Suzuki und ihrem Sohn, der erst nach Linkertons Rückkehr in die Vereinigten Staaten geboren wurde. Linkerton hat die ganze Zeit nichts von sich hören lassen. Er weiß nicht einmal, daß in Nagasaki ein Sohn von ihm lebt. Trotzdem zweifelt Butterfly nicht an seiner Treue, sie weist Suzukis Zweifel daran entschieden zurück und hat auch nie im Traum daran gedacht, einen jener Männer zu heiraten, die Goro ihr im Lauf der Jahre vermitteln wollte: Sie ist und bleibt Mrs. F. B. Linkerton und korrigiert in diesem Sinn auch den amerikanischen Konsul, der zu Besuch kommt und sie mit Madame Butterfly anspricht. Er will Tscho-tscho-san von einem Brief in Kenntnis setzen, den Linkerton ihm geschrieben hat. Nur kommt er zunächst nicht dazu, weil der reiche Fürst Yamadori – wieder einmal – Butterfly seine Aufwartung macht und sie erneut bittet, seine Frau zu werden. Sie lehnt auch heute ab und behandelt ihn in dem sicheren Gefühl, mit einem Amerikaner verheiratet zu sein, ein bißchen von oben herab. Der Fürst zieht sich unverrichteter Dinge zurück, und Sharpless, der Konsul, kann jetzt endlich zur Sache kommen: Er soll Butterfly schonend darauf vorbereiten, daß Linkerton inzwischen mit einer Amerikanerin die Ehe geschlossen hat. Da Butterfly den Konsul aus Freude über den Brief dauernd unterbricht, tritt er schließlich die Flucht nach vorne an und fragt sie unvermittelt, was sie denn tun würde, wenn Linkerton nicht mehr zu ihr zurückkäme. Wie vom Blitz getroffen über diesen ihr unfaßbaren Gedanken, weiß sie nur eine Alternative: wieder Geisha zu werden oder besser gleich zu sterben. Als ihr Sharpless voller Mitgefühl für ihre Situation rät, doch den Fürsten Yamadori zu heiraten, versteht sie überhaupt nichts mehr, holt triumphierend ihren Sohn aus dem Nebenzimmer und bittet Sharpless, Linkerton von ihm zu

Madame Butterfly, 3. Akt, Nationaltheater München

erzählen, denn dann müsse er doch wohl nach Nagasaki zurückkommen. Der Konsul verspricht es ihr und geht. Gleich darauf gibt's Krach mit Goro, der überall herumgetratscht hat, man wisse ja gar nicht, wer der Vater von Butterflys Kind sei. In höchster Erregung geht Butterfly auf Goro mit einem Dolch los und wird von Suzuki gerade noch zurückgehalten. Da ertönt ein Kanonenschuß: Ein Schiff ist im Hafen eingelaufen, und Butterfly holt sich – was sie unzählige Male getan hat – ein Fernrohr, um den Namen des Schiffes lesen zu können. Es ist die »Abraham Lincoln«, jenes Kriegsschiff, auf dem Linkerton Dienst tut. Butterfly ist außer sich vor Freude, alle, alle hatten Unrecht, er, auf den sie die ganzen langen Jahre gewartet hat, kommt wieder – zu ihr, zu ihrem Sohn. In

wenigen Minuten verwandelt sie mit Suzuki ihr Haus in ein Blumenmeer, macht sich schön, zieht ihr Brautkleid an, nimmt ihren Sohn in den Arm, und so erwarten die drei Linkertons Ankunft im Licht des aufgehenden Mondes.

3. Akt: Butterfly wartet – eine lange, lange Nacht. »Er kommt«, ihr erstes Wort am nächsten Morgen verrät zum ersten Mal eine Spur von Zweifel. Während sie ihr Kind im Nebenzimmer zu Bett bringt, betreten Linkerton und Sharpless leise das Haus. Suzuki erfährt von ihnen, daß Linkertons Frau Kate mitgekommen ist, um Butterflys Sohn mit nach Amerika zu nehmen. Als sie Linkerton von der unverbrüchlichen Treue Butterflys erzählt, wird ihm das ganze Ausmaß

seiner Leichtfertigkeit klar. Er ergeht sich in Selbstbeschuldigungen und geht hinaus, weil er Butterflys Anblick nicht ertragen könnte. Sie kommt, und nur wenige Worte verdeutlichen ihr die Situation. Mit letzter Beherrschung erfüllt sie den Wunsch Kates, auf ihr Kind zu verzichten, will es aber nur Linkerton selbst geben, der in einer halben Stunde kommen solle. Allein gelassen, befiehlt sie Suzuki, das Zimmer zu verdunkeln und zu dem spielenden Kind in den Garten hinauszugehen. Dann nimmt sie ihren Dolch und setzt ihn an die Kehle. In diesem Augenblick läuft das Kind von der Gartentür her mit offenen Armen auf sie zu. Nach einer verzweifelten Umarmung verbindet sie ihm die Augen und tritt hinter einen Paravent. Man hört den Dolch zu Boden fallen. Linkerton und Sharpless stürzen herein – sie finden eine Sterbende.

DIE MUSIK

Für die Butterfly-Partitur informierte sich Puccini sehr gründlich über die Eigentümlichkeiten der japanischen Musik. 1902 traf er sich in Mailand mit einer japanischen Schauspielerin, die dort gerade gastierte. Er ließ sich von ihr japanische Texte vorsprechen, um sein Gefühl für den musikalischen Duktus dieser Sprache zu schärfen. Außerdem sang ihm die Frau eines japanischen Gesandten Lieder aus ihrer Heimat vor und besorgte ihm einschlägige Noten. Trotzdem konnte die fernöstliche Einfärbung Puccinis Handschrift nicht verändern, aber immerhin korrigieren. Ihre herbe Fremdartigkeit mildert gelegentlich jene Passagen, in denen der Komponist das Abdriften in sentimentale Bereiche nicht immer steuern kann. Der Puccini-Kenner Adolf Weissmann drückte es 1922 in seiner Biografie so aus: »Das Orchester spart nicht mit Süßigkeiten, die wir hinnehmen müssen.«[3] Aber man nimmt sie ja nur zu gern hin, all die stimmungsvollen Ton-

Madame Butterfly, 3. Akt, Julia Varady als Madame Butterfly, Nationaltheater München

malereien, die ausladenden Melodiebögen, die farbige Schilderung so vieler Details. Sei es das Duett am Schluß des 1. Akts (»Mädchen, in deinen Augen liegt ein Zauber«), Butterflys Arie im 2. Akt (»Eines Tages seh'n wir«) oder Linkertons Abschiedslied im 3. Akt (»Leb wohl, mein Blütenreich«): Puccinis Meisterschaft offenbart sich hier in melodiösen Regionen ebenso wie in den gekonnt gearbeiteten Ensembles (Hochzeitsfeier im 1. Akt und Terzett im 3. Akt) und nicht zuletzt in der Fähigkeit, auch dem allzu Gefühlvollen einen überzeugenden Ausdruck zu geben.

DAS MÄDCHEN AUS DEM GOLDENEN WESTEN
(La fanciulla del West)
Oper in drei Akten

TEXT: Guelfo Civinini und Carlo Zangarini
DEUTSCHE ÜBERSETZUNG: Alfred Brüggemann

DER STOFF

Als sich Puccini für das »Mädchen aus dem Goldenen Westen« entschied, erinnerte er sich möglicherweise an ein Erlebnis seiner frühen Jahre. In einem Brief an seinen Bruder Michele schrieb er am 24. April 1889 aus Mailand: »Buffalo Bill ist hier gewesen, das hat mir Spaß gemacht. Buffalo Bill ist eine nordamerikanische Truppe mit einer Menge von Rothäuten samt ihren Büffeln. Sie machen glänzende Schießkunststücke ... In zwölf Tagen haben sie 120000 Lire eingenommen.«[4] 18 Jahre später sah Puccini während eines längeren Aufenthalts in New York ein Drama, das unter ähnlich rauhen Gesellen spielt: »Das Mädchen aus dem Goldenen

Westen« von David Belasco, der ja bereits die Vorlage für *Madame Butterfly* geliefert hatte. Belasco und Puccini verstanden sich gut, und die Tatsache, daß Belasco einmal öffentlich erklärt hatte, Puccini verstünde es, die nationalen Eigentümlichkeiten und Ideale Amerikas am wahrhaftigsten und echtesten auszudrücken, hat sicher bei dem positiven Eindruck, den Puccini von Belascos Schauspiel gewann, eine Rolle gespielt. Wichtiger natürlich war, daß der Komponist in der Titelrolle des Stücks wieder einer Frauenfigur nach seinem Geschmack begegnete. In der Saloon-Besitzerin Minnie, die sich bei den derben Goldgräbern Respekt zu verschaffen weiß (nicht zuletzt durch ihre Bibelrezitationen) und die sich in den ehemaligen Verbrecher Ramerrez verliebt, sah er für sich weit bessere Gestaltungsmöglichkeiten als etwa in Marie Antoinette oder in der einer Carmen verwandten Conchita – zwei Sujets, mit denen er sich damals ebenfalls herumschlug. Puccinis positive Meinung über das »Mädchen aus dem Goldenen Westen« bestätigte sich, als er die italienische Übersetzung des Stücks gelesen hatte. Das Libretto ließ er sich diesmal von Carlo Zangarini schreiben und zog, wie gewohnt, später noch Guelfo Civinini als zweiten Textdichter hinzu. Außerdem hatte er natürlich auch selbst präzise Vorstellungen von Handlung, Szenerie und textlichen Details, auf deren Erfüllung er pochte. Und er war sicher, eine Oper komponiert zu haben, die »den Geist des amerikanischen Volkes widerspiegelt, insbesondere die starke, kraftvolle Wesensart des Westens«.[5] Was er dabei übersah, und was den Erfolg der Oper in Grenzen hielt, waren verschiedene dramaturgische Ungereimtheiten, über die sich das Publikum auch mit schöner Musik nicht hinwegtäuschen ließ. Wem leuchtet schon ein, daß Minnie, die Titelfigur, jahrelang unter spielenden und saufenden Mannsbildern lebt und trotzdem einem zufällig auftauchenden Fremden den ersten Kuß ihres Lebens gibt? Und wer mag glauben, daß sie dann alles für ihn tut – auch als sie erfährt, daß er ein ausgekochter Bandit war? Da hätte es noch einiger Korrekturen von Puccinis Seite bedurft, um das Ganze im Interesse seiner Musik glaubhaft zu machen.

DIE PERSONEN

Minnie, Wirtin der Bar »Zur Polka«, *Sopran*
Jack Rance, Sheriff, *Bariton*
Dick Johnson (Ramerrez),
Anführer einer Räuberbande, *Tenor*
Nick, Kellner, *Tenor*
Ashby, Agent einer Versandgesellschaft, *Baß*
Sonora, Goldgräber, *Bariton*
Trin, Goldgräber, *Tenor*
Sid, Goldgräber, *Bariton*
Bello, Goldgräber, *Bariton*
Harry, Goldgräber, *Tenor*
Joe, Goldgräber, *Tenor*
Happy, Goldgräber, *Bariton*
Larkens, Goldgräber, *Baß*
Billy Jackrabbit, Indianer, *Baß*
Wowkle, seine Frau, *Mezzosopran*
Jake Wallace, Bänkelsänger, *Bariton*
José Castro, Räuber aus Ramerrez' Bande, *Baß*
Ein Postbote, *Tenor*
Männer aus dem Goldgräberlager, *Chor*

ORT UND ZEIT

Kalifornien, 1849/50

DIE HANDLUNG

1. Akt: Seit um die Mitte des 19. Jahrhunderts in Kalifornien
die ersten Goldklumpen gefunden wurden, ist dort der Teufel
los. Von weiß Gott woher kommen Abenteurer jeden Alters,
um als Goldgräber jenes Glück zu machen, das ihnen in ihrem
bisherigen Leben versagt geblieben war. Es sind hartgesottene
Burschen, die in primitiven Lagern zusammenleben. Sie ar-

beiten und fluchen, spielen und beten, helfen sich gegenseitig, schlagen sich und trinken natürlich, was das Zeug hält. Die Gaststätte des Lagers ist deshalb allabendlich der Schauplatz ihrer Freizeitgestaltung. Auch in der »Polka«, einem einschlägigen Etablissement mit einem allzu harmlosen Namen, hokken gerade ein paar Männer herum. Als neue Kundschaft kommt, wird's lebendig: Einige machen ein Spiel, ein anderer schimpft auf das verfluchte Goldgräbergeschäft, im Saal nebenan wird getanzt. Bald kommt das Gespräch auf Minnie, die allseits beliebte Besitzerin der Bar. Sie hat bis jetzt allen Annäherungsversuchen ihrer täglichen Gäste widerstanden und selbst den Sheriff Rance abgewiesen. Angeregt von dem Lied eines Bänkelsängers erinnern sich die rauhbeinigen Männer wehmütig an ihre Heimat (einer von ihnen flippt regelrecht aus und verläßt die Runde), aber gleich geht's auch wieder hoch her. Einer mogelt beim Spiel und fliegt hinaus, und ein neuer Besucher, der Agent Ashby, erzählt von dem Banditen Ramerrez, der bis jetzt leider erfolglos gejagt wurde. Dann endlich kommt Minnie, von allen herzlich begrüßt, und hält eine der üblichen Bibelstunden für die hierfür merkwürdigerweise durchaus empfänglichen Männer. Erneute Abwechslung bringt gleich darauf die Post: Briefe von daheim und für Ashby die Nachricht, er könne das Versteck von Ramerrez erfahren. Und der steht dann als Fremder und von niemandem erkannt ganz unvermittelt in der Tür – von Rance, der Minnie eben noch mit einer neuerlichen Liebeserklärung zugesetzt hatte, mißtrauisch beobachtet. Seine Antipathie wächst noch, als Johnson – so nennt sich der Fremde – mit Minni einen Walzer tanzt. Dann bricht Rance mit den anderen auf, um Ramerrez in seinem Versteck aufzustöbern. Zurückbleiben Minnie und Johnson, die ein langes Gespräch führen, und Minnie lädt ihren Gast für den Abend in ihre Wohnung ein.

2. *Akt:* Minnie hat Feuer gefangen. Sie ist in ausgesprochener Sonntagslaune und zieht ihr schönstes Kleid an, um Johnson zu empfangen. Auch er ist unsterblich verliebt in sie und läßt

sich in wachsender Anteilnahme aus ihrem Leben erzählen, mit dem sie wirklich glücklich ist, in dem nur eines fehlt: ein Mann, den sie von Herzen lieben kann. Aber sie hat längst gespürt, daß dieser Mann bereits vor ihr steht, und die beiden finden sich in einem leidenschaftlichen Kuß. Ein plötzlicher Schneesturm zwingt Johnson, für die Nacht hierzubleiben. Plötzlich klopft es an die Haustür. Minnie versteckt Johnson und läßt Rance, Ashby und einige Leute herein. In höchster Betroffenheit erfährt sie von ihnen, daß Johnson kein anderer ist als Ramerrez. Man habe ihn in der Nähe ihres Hauses gesehen und seine Spur ende hier. Eigentlich müsse sie ihm begegnet sein. Als die aufgebrachten Männer wieder weg sind, rechnet Minnie mit Johnson ab. Sie ist zutiefst enttäuscht darüber, daß sie ihre Liebe einem Banditen geschenkt hat. Johnsons Bericht über sein Leben läßt sie zwar manches verstehen, aber in ihrer Verbitterung schickt sie ihn dennoch weg – wohl wissend, welchen Gefahren er draußen ausgesetzt ist.

Tatsächlich fällt nach wenigen Sekunden ein Schuß, und man hört einen Körper von außen gegen die Tür stürzen. Minnie zieht den verletzten Johnson wieder herein. Der wehrt sich jetzt, aber in ihrer Angst um ihn erklärt sie ihm aufs neue ihre Liebe. Es gelingt ihr gerade noch, den Verwundeten im oberen Stockwerk des Raumes zu verstecken, als Rance mit den Goldgräbern schon wieder vor der Tür steht und nach Ramerrez sucht. Diesmal sind sie sicher, bei Minnie an der richtigen Adresse zu sein. Aber sie verweigert jede Auskunft, und als Rance klar wird, daß sie das aus Liebe zu Johnson tut, und ihr in höchster Eifersucht schwört, Johnson werde sie nie bekommen, wirft sie den Sheriff hinaus. In diesem Augenblick fällt von oben ein Blutstropfen auf seine Hand. Wütend will er Johnson mit Gewalt aus seinem Versteck holen. Aber Minnie hat eine Idee. Sie schlägt Rance ein Pokerspiel vor: Gewinnt er, dann solle er sie und Johnson mitnehmen – gewinnt sie, dann gehöre sie Johnson für immer. Rance, ein gewiegter Spieler, wähnt sich bereits als Sieger, aber Minnie mogelt und gewinnt die Partie.

Das Mädchen aus dem Goldenen Westen, 3. Akt, June Card und John
Sayers in den Hauptrollen, Staatstheater am Gärtnerplatz, München

3. Akt: Johnson ist wieder geflohen, und die Jagd nach ihm
geht weiter. In einer Waldlichtung lagern Rance und seine
Leute, einziger Gesprächsstoff ist Johnsons Schicksal. Die
Nachricht, daß der Verhaßte endlich erwischt wurde, bringt
alle auf die Beine. Immer mehr Goldgräber kommen hinzu
und berichten aufgeregt von der erbarmungslosen Verfol-
gungsjagd. Man ist sich einig: Johnson soll ohne viel Federle-
sens aufgehängt werden. Endlich bringt man ihn, gefesselt,
aber ohne jede Furcht vor der Meute, die ihn bedroht und
beschimpft. Daß vor allem der eifersüchtige Rance sein Müt-
chen an ihm kühlt, versteht sich. Trotzdem hören sie Johnson
zu, als er sie bittet, Minnie nichts von seinem Tod zu sagen,

sondern sie in dem Glauben zu lassen, er sei frei in die Welt hinausgezogen. Dann geht alles sehr schnell: Johnson wird auf einen Stein gestellt, an einen Baum gebunden, eine Schlinge legt sich um seinen Hals – doch da kommt überraschend Minnie herangeritten. Sie stellt sich gegen die Männer, nimmt Johnson in Schutz und droht, sich und ihn zu erschießen, wenn einer ihr zu nahekommt. In bewegten Worten erinnert sie die Goldgräber an ihre gemeinsame Zeit, an alles, was sie zusammen erlebt haben, und erreicht schließlich, daß die Stimmung umschlägt. Gerührt geben sie Johnson für Minnie und den gemeinsamen Weg in eine glückliche Zukunft frei.

DIE MUSIK

»Gelobt sei Gott«, schrieb Puccini am 28. Juli 1910 aus Torre del Lago an seinen Verleger Giulio Ricordi in Mailand[6], als er die Partitur des *Mädchens aus dem Goldenen Westen* beendet hatte. Dabei erinnert weder die rauhbeinige Story noch deren Musik an Gottes Hilfe. Denn bei allen Bemühungen gelang es dem Komponisten nur gelegentlich, jene echten Töne zu finden, die in erster Linie den Erfolg seiner bisherigen Opern ausgemacht hatten. Vielleicht ließ er sich von der knallharten Handlung allzusehr verleiten, Lyrisches zu meiden, das ihm selbst dort nicht so recht von der Hand ging, wo das Libretto durchaus Gelegenheit dafür gab (Duett im 2. Akt). Die brillant gearbeiteten Ensembleszenen, bei denen Puccini fast ausschließlich auf Männerstimmen angewiesen war (ein weiteres Problem dieser Partitur), konnten kein voller Ersatz dafür sein. Auch nicht, daß er sich hier harmonische Kühnheiten gestattete, mit denen die Grenzen der damaligen Hörgewohnheiten erreicht und gelegentlich auch überschritten wurden. Es gibt Dissonantes und Unaufgelöstes, aber auch Eingängiges in dieser Musik, und wenn auch jeweils einer bestimmten dramaturgischen Situation Rechnung getragen wird, so geschieht das doch nicht mit der gewohnten Selbstverständlichkeit und eher absichtsvoll. Um den Schauplatz der Geschichte musikalisch zu charakterisieren, trieb Puccini eifrig Studien in amerikanischer Folklore und verwendete sogar eine überlieferte Melodie, die dem Lied des Bänkelsängers im 1. Akt zugrunde liegt und die mehrmals zitiert wird – auch in der Schlußszene. Aufs Ganze gesehen wird man dem *Mädchen aus dem Goldenen Westen* wohl immer mehr Interesse als Begeisterung entgegenbringen.

DAS TRIPTYCHON
(Il Trittico)

Über mehrere Jahre hinweg beschäftigte sich Puccini mit dem Gedanken, statt einer abendfüllenden Oper drei Einakter zu schreiben. Sie sollten sich inhaltlich voneinander unterscheiden und so dem Publikum einen besonders abwechslungsreichen Opernabend vermitteln. Zunächst ließ der Komponist die Idee wieder fallen, weil Giulio Ricordi nicht viel davon hielt. Nach dessen Tod griff er sie wieder auf und erwärmte sich 1912 zunächst für das Drama »La Houppelande« des Franzosen Didier Gold. Die Tragödie auf einem Schleppkahn in Paris erschien ihm als erstes Stück des geplanten Triptychons ideal. Als zweites fand er 1917 *Schwester Angelica* – den lyrischen Mittelteil sozusagen – und im gleichen Jahr *Gianni Schicchi*, den grotesk-komischen Abschluß des Ganzen. Diese durchaus geschickte Aufeinanderfolge brachte es freilich auch mit sich, daß die musikalische Ausführung der einzelnen Stücke unterschiedlich ausfiel. Mit Abstand am erfolgreichsten jedenfalls wurde *Gianni Schicchi*.

DER MANTEL
(Il Tabarro)
Musikalisches Drama in einem Akt

TEXT: Giuseppe Adami
DEUTSCHE ÜBERSETZUNG: Alfred Brüggemann

DER STOFF

Wenn wir Puccini selbst glauben wollen, war es eine Dame der Pariser Gesellschaft, die ihn während einer Teestunde auf das erfolgreiche Schauspiel »La Houppelande« von Didier Gold aufmerksam machte und ihm das Buch zum Lesen gab. Von dem makabren Stoff mit seiner schonungslosen Darstellung des Elends einer bestimmten sozialen Schicht war er sogleich tief beeindruckt. Gold gibt sich mit seinem Stück als typischer Vertreter des französischen Naturalismus im Sinne Émile Zolas zu erkennen.

Und genau das war es wohl auch, was Puccini faszinierte: ein Milieu, das so gut wie neu war auf der Opernbühne. Höchstens Gustave Charpentiers *Louise* aus dem Jahr 1910 ließe sich in etwa damit vergleichen.

DIE PERSONEN

Marcel, Besitzer des Schleppkahns, *Bariton*
Georgette, seine Frau, *Sopran*
Henri, Löscher, *Tenor*
Der Stockfisch, Löscher, *Tenor*
Der Maulwurf, Löscher, *Baß*
Das Frettchen, Frau des Maulwurfs, *Mezzosopran*
Ein Liederverkäufer, *Tenor*
Ein Liebespaar, *Sopran und Tenor*
Ein Drehorgelmann, Midinetten und Löscher

Paris, um 1900

DIE HANDLUNG

Einziger Akt: »Ach, daß glücklich sein gar so schwer ist« –
Georgettes Seufzer steht wie ein Motto über dieser düsteren
Geschichte, und ihr Mann Marcel, Besitzer eines Schleppkahns, empfindet dasselbe. Er hat am Ufer der Seine in Paris
festgemacht, und im Licht der untergehenden Sonne tragen
Henri, »Maulwurf« und »Stockfisch« die letzten Säcke an
Land. Nach getaner Arbeit setzen sie sich mit Georgette zu
einem Glas Wein zusammen. Marcel selbst ist nicht in der
Stimmung dafür, aus seinen Worten läßt sich entnehmen,
daß es in seiner Ehe mit Georgette nicht mehr stimmt. Während er sich im Schiffsraum zu schaffen macht, lassen sich die
anderen von einem vorübergehenden Leierkastenmann zu einem Walzer verleiten, den Georgette und Henri besonders
hingebungsvoll tanzen. Aber es will keine rechte Fröhlichkeit
aufkommen. Als Marcel wieder an Deck erscheint, verziehen
sich die drei Löscher in die Schiffskabine. Zwischen Marcel
und Georgette bahnt sich ein gespanntes Gespräch an, das
aber bald unterbrochen wird, weil das »Frettchen« über die
Landungsbrücke an Bord kommt, um ihren Mann, den
»Maulwurf«, abzuholen. Sie gibt sich unbeschwert, lacht viel
und plappert eine Menge daher, etwa über ihre Zukunftspläne
mit »Maulwurf«, die so recht kleinbürgerlich anmuten im
Vergleich zu denen von Georgette, die – wie Henri ein Vor-
stadtkind – nur hier in Paris ihr Glück zu finden hofft und
nicht, wie ihr Mann Marcel, auf dem Wasser der Seine. Georgette liebt Henri, das ist klar, und als beide allein sind, sprechen sie ziemlich unvorsichtig über ihre Zuneigung und ver-
abreden sich für später, wenn Marcel im Schlaf liegt: Ein
aufflackerndes Streichholz, das Georgette entzünden will, ist
das verabredete Zeichen. Als Henri gegangen ist, versucht der

Der Mantel, Garbis Boyagian und Marilyn Zschau in den Hauptrollen, Nationaltheater München

gutmütige, aber unglückliche und mißtrauische Marcel, die verlorene Liebe Georgettes zurückzugewinnen, indem er seine Frau an frühere und glücklichere Zeiten erinnert. Aber Georgette weicht ihm aus, schützt Müdigkeit vor und geht zu Bett. Marcel hüllt sich in seinen Mantel und blickt gedankenvoll in die Fluten der Seine. Er zündet sich, wie gewohnt, seine Pfeife an – für den am Ufer wartenden Henri irrtümlich das Signal für sein Rendezvous mit Georgette. Rasch kommt er über den Steg, springt auf den Kahn und wird plötzlich von Marcel gepackt. Der zwingt ihn in höchster Eifersucht, seine Liebe zu Georgette zu gestehen, erdrosselt ihn und nimmt ihn, als Georgette von der Kabine her ruft, unter seinen Man-

tel. Georgette bittet ihren Mann, ihre Kälte von vorhin zu verzeihen, sie möchte jetzt ganz nahe bei ihm sein. Da öffnet Marcel den Mantel, und die Leiche Henris rollt vor Georgettes Füße.

DIE MUSIK

Trotz der ausgeprägt realistischen Züge der Handlung zeigt die Musik zum *Mantel* Puccini eher als einen Romantiker – weniger allerdings in der Gestaltung großer lyrischer Szenen, als vielmehr in der sensiblen Kleinmalerei der verschiedenen

Situationen. Mit sicherer Hand malt er Stimmungen und Charaktere. Da ist das träge Dahinfließen der Seine in dem kurzen Vorspiel (eine »Wassermusik« eigener Art), die krampfhafte Fröhlichkeit der Walzerszene (mit der drastischen Nachahmung einer verstimmten Drehorgel), die Gegenüberstellung des quälenden Gesprächs zwischen Georgette und Marcel mit dem Auftritt des Liederverkäufers (wobei Puccini selbstironisch auf die *Bohème* anspielt), das hoffnungslos-erregte Werben Marcels um Georgettes Zuneigung oder die unheimliche Schlußszene: Auf Schritt und Tritt gibt sich Puccini als Meister in der Schilderung innerer und äußerer Zustände zu erkennen, ohne die dumpfe Grundstimmung zu verlassen. Sie beherrscht sogar das Liebesduett zwischen Georgette und Henri, in dem Puccini bewußt auf die in solchen Augenblicken gewohnten Ausweitungen verzichtet.

SCHWESTER ANGELICA
(Suor Angelica)
Oper in einem Akt

TEXT: Giovacchino Forzano
DEUTSCHE ÜBERSETZUNG: Alfred Brüggemann

DER STOFF

Die Geschichte von der Nonne, die im Kloster für einen Fehltritt büßt und sich selbst den Tod gibt, hat sich der Schriftsteller Giovacchino Forzano sélbst ausgedacht. Puccini war sofort begeistert von der Idee: Einmal, weil er darin genau den Kontrast zur Mantel-Tragödie fand, den er suchte. Zum anderen, weil ihn das klösterliche Milieu reizte. Immerhin lebte seine

Schwester Romilda in einem Kloster, er hatte sie oft besucht und dabei jene realitätsferne Atmosphäre kennengelernt, die Außenstehende nur allzu leicht beeindruckt. Wieder entdeckte Puccini hier sein Grundthema: eine sensible, von menschlicher Wärme erfüllte Frau im Konflikt mit den unerbittlichen Gesetzen einer kalten Welt. Freilich wird diese Auseinandersetzung hier auf einer Ebene ausgetragen, die gelegentlich einen übertriebenen Gefühlsüberschwang zuläßt und damit an Glaubwürdigkeit verliert. Mag sein, daß Puccinis spontanes Interesse an dem Stoff schuld war, wenn er solche dramaturgischen Schwächen übersah, die sich natürlich auch auf die Musik auswirken mußten. Auf jeden Fall verlief die Arbeit an *Schwester Angelica* ziemlich reibungslos – auch diesmal verzichtete Puccini auf einen zweiten Librettisten.

DIE PERSONEN

Schwester Angelica, *Sopran*
Die Fürstin, ihre Tante, *Alt*
Die Äbtissin, *Mezzosopran*
Die Schwester Eiferin, *Sopran*
Die Lehrmeisterin der Novizinnen, *Mezzosopran*
Schwester Genoveva, *Sopran*
Schwester Osmina, *Sopran*
Schwester Dolcina, *Mezzosopran*
Die Schwester Pflegerin, *Sopran*
Zwei Almosensucherinnen, *Mezzosoprane*
Die Muttergottes und ein kleiner Knabe, *stumme Rollen*
Novizinnen, Laienschwestern und Engel, *Chor*

ORT UND ZEIT

ein italienisches Kloster, Ende des 17. Jahrhunderts

Einziger Akt: In der Klosterkirche geht eben die Abendandacht zu Ende. Bevor die Nonnen ihre Zellen aufsuchen, stehen sie im Klosterhof noch beisammen, sprechen über dies und das und genießen die milde Abendluft. Nicht ganz so unbeschwert wie ihre Mitschwestern beteiligt sich Schwester Angelica an dem Gespräch. Sie lebt nun seit vielen Jahren im Kloster, und die Nonnen wissen nicht viel mehr über sie, als daß sie aus adeligem Haus stammt und offenbar zur Strafe für eine Schuld ins Kloster gesteckt wurde. Genaueres ist wenig später zu erfahren, als vor dem Kloster eine vornehme Kutsche hält und Schwester Angelica ins Sprechzimmer gerufen wird. Ihre Tante, eine Fürstin, ist gekommen, um Schwester Angelicas Unterschrift für einen Erbschaftsvertrag einzuholen: Ihre Schwester soll heiraten und sie selbst deshalb auf ihr Erbteil verzichten. Die Fürstin, die nach dem Tod von Schwester Angelicas Eltern die Vermögensverwaltung übernommen hat, mag ihre Nichte nicht sonderlich, und das Gespräch der beiden erhellt sehr bald warum: Schwester Angelica hat seinerzeit ein uneheliches Kind zur Welt gebracht und den Namen der Familie damit entehrt. Man nahm ihr das Kind und zwang sie ins Kloster. Seit Jahren war sie nun ohne jede Nachricht von ihrer Familie, und jetzt muß sie erfahren, daß ihr Sohn inzwischen gestorben ist. Sie bricht zusammen und gibt willenlos ihre Unterschrift unter das ihr vorgelegte Dokument. Verzweifelt wendet sie sich von der Fürstin ab, die Nonnen trösten sie und begeben sich mit ihr in die Klosterzellen. Es ist Nacht geworden und still. Da öffnet sich leise eine Zellentür, Schwester Angelica tritt auf den Klosterhof mit einer Schale in den Händen. Sie holt sich ein paar Steine zusammen, richtet eine Feuerstelle her, legt Zweige darauf, zündet sie an und bringt die inzwischen mit Wasser gefüllte Schale zum Kochen. Dann sammelt sie im Klostergarten giftige Kräuter, gibt sie in die Schale und nimmt den todbringenden Trank zu sich. Als sie sich klar darüber wird, was sie getan hat, bittet sie die Muttergottes in höchster Verzweiflung um

Vergebung. Und da geschieht ein Wunder: Die Kirche erscheint plötzlich von Licht durchflutet, und die offene Tür gibt den Blick frei auf unzählige Engel. Auf der Schwelle wird die Jungfrau Maria sichtbar und an ihrer Hand Schwester Angelicas Kind. Langsam geht der Knabe auf seine Mutter zu, sie streckt ihm ihre Arme entgegen und stirbt.

DIE MUSIK

Das Besondere an dieser Partitur: Es fehlt eine Männerstimme und damit auch musikalisch ein Spannungsfeld. Schwester Angelicas erotische Empfindungen sind hinter Klostermauern abgekühlt, haben sich eingeengt auf ihre Muttergefühle. Und die sind eingebettet in ihre wachsende Hinwendung zu religiösen Dingen. So bleibt auch musikalisch vieles spannungslos. Die liturgisch eingefärbten Gesänge nützen sich bald ab, und die mystische Schlußapotheose mit ihren Bilderbucheffekten wirkt bei allem Aufwand doch blaß, weil ihr nicht das notwendige dramatische Kräftespiel vorausgeht. Für Übertreibungen solcher Art konnte gerade Puccini sicher nicht die überzeugenden Töne finden, wo er doch nach eigenem Geständnis nur etwas zuwege brachte, wenn er ganz dahinterstehen konnte. Daß er das hier dennoch tat, daß ihm *Schwester Angelica* besonders ans Herz gewachsen war, mag beweisen, wie selbst hochbegabten Komponisten gelegentlich die fachliche Kontrolle über ihr Gefühlsleben entgleitet.

GIANNI SCHICCHI
Musikkomödie in einem Akt

TEXT: Giovacchino Forzano
DEUTSCHE ÜBERSETZUNG: Alfred Brüggemann

DER STOFF

Wieder war es Giovacchino Forzani, der Puccini das Thema lieferte. Er fand die Geschichte von dem bauernschlauen Gianni Schicchi in Dantes »Göttlicher Komödie«. Dort wird der verschlagene Typ zu einer Höllenstrafe verdammt. Forzano dagegen sah in ihm das Paradebeispiel für einen Komödianten, die Zentralfigur eines Lustspiels. Und genau das suchte Puccini als letzten Teil seines *Triptychons*. Hier hatte er Gelegenheit, die Leute zum Lachen zu bringen und gleichzeitig zu beweisen, daß sich seine kompositorischen Qualitäten nicht nur auf Tragödien beschränkten. Er akzeptierte das Libretto – entgegen seiner Gewohnheit – praktisch ohne Einwände. Instinktiv spürte er wohl, daß ihm dieser Stoff Chancen bot, die zu nutzen ihm bisher noch nicht möglich war.

DIE PERSONEN

Gianni Schicchi, *Bariton*
Lauretta, seine Tochter, *Sopran*
Zita, gen. die Alte, *Alt*
Rinuccio, ihr Neffe, *Tenor*
Gherardo, *Tenor*
Nella, seine Frau, *Sopran*
Gherardino, beider Sohn, *Kinderstimme*
Betto von Signa, *Baß*
Simon, *Baß*
Marco, sein Sohn, *Bariton*

Ciesca, Marcos Frau, *Mezzosopran*
Magister Spinelloccio, Arzt, *Baß*
Amantio di Nicolao, Notar, *Bariton*
Pinellino, Schuster, *Baß*
Guccio, Färber, *Baß*

ORT UND ZEIT

Florenz, 1299

DIE HANDLUNG

Einziger Akt: Der reiche Buoso Donati ist tot. Betend und weinend stehen die Verwandten ums Sterbebett, vergessen ihre Trauer aber sofort, als einer von ihnen durchblicken läßt, Buoso habe seinen ganzen Reichtum einem Kloster vermacht. Das hat gerade noch gefehlt. Ohne jede Pietät fangen die enttäuschten Erben an, die ganze Wohnung durchzustöbern, um das Testament zu finden. Der junge Rinuccio entdeckt es schließlich, und es stellt sich tatsächlich heraus, daß alle leer ausgegangen sind. Was tun? Rinuccio hat einen Vorschlag: Der einzige, der hier helfen kann, ist der schlaue Gianni Schicchi, den er auch gleich rufen läßt. Man schätzt den cleveren Bauern und seine Tochter Lauretta zwar nicht sonderlich, aber in der Not frißt der Teufel bekanntlich Fliegen. Umgekehrt hat auch Gianni Schicchi nicht viel übrig für die geizige und bürgerlich-hochnäsige Sippschaft, immerhin akzeptiert er, daß Lauretta und Rinuccio heiraten wollen. So läßt er sich denn auch erst durch das inständige Bitten seiner Tochter dazu bewegen, in der fatalen Erbschaftsangelegenheit etwas zu unternehmen. Und was ihm dazu einfällt, ist so übel nicht: Da außer den Anwesenden noch niemand von Buosos Tod weiß, will er sich anstelle des Verstorbenen ins Bett legen und einem eilig herbeorderten Notar ein neues Testament diktieren. Die Verwandten sind natürlich sofort damit einverstan-

den, ist so doch wenigstens noch etwas drin für sie. In die eiligen Vorbereitungen für die makabre Prozedur platzt überraschend der Arzt herein, der nach Buoso sehen will. Doch er wird bereits an der Tür abgefertigt. Kurz darauf hört man eine Sterbeglocke läuten, und alle fürchten jetzt, Buosos Tod sei irgendwie doch schon bekanntgeworden und der listig ausgeklügelte Plan damit im Eimer. Glücklicherweise war's ein falscher Alarm, das Läuten galt, wie sich herausstellt, einem anderen Toten. Während nun der tote Buoso ins Nebenzimmer geschafft und Gianni Schicchi mit Halstuch, Betthaube und Nachthemd versorgt wird, flüstern die Verwandten dem neuen Erblasser zu, womit er sie jeweils bedenken soll (wobei jeder natürlich das Wertvollste aus der Erbmasse für sich beansprucht). Schicchi seinerseits versäumt nicht, an die drastischen Strafen zu erinnern, die das Gesetz für Testamentsfälscher, aber auch für ihre Helfershelfer vorsieht. Dann schlüpft er ins Bett, der Notar trifft ein, die Vorstellung kann beginnen. Zur größten Wut der Verwandtschaft vermacht nun der durchtriebene Bauer – alias Buoso Donati – die dicksten Brocken des Erbes und vor allem das Haus seinem »treuergebenen Freunde Gianni Schicchi«. Kaum ist der Notar draußen, fallen die Geprellten über Gianni Schicchi her und plündern die Wohnung, um wenigstens noch ein paar Kleinigkeiten zu ergattern. Schicchi wirft sie schließlich alle hinaus, zurück bleiben Lauretta und Rinuccio in inniger Umarmung und Schicchi selbst, der meint, besser als er hätte man Buosos Reichtum doch gar nicht verteilen können. Und wenn Dante ihn dafür in die Hölle gesteckt habe, so dürfe er beim Publikum vielleicht doch auf mildernde Umstände zählen.

Gianni Schicchi, Rolando Panerai als Gianni Schicchi, Nationaltheater München

Hier lebt die alte italienische Opera buffa wieder auf, und das in einer Meisterschaft, die von Puccini nicht so ohne weiteres zu erwarten war. Er, zu dessen Gütezeichen die Melodie geworden war, die gefühlvoll überströmende Arie, das sich in harmonischer Zweisamkeit entwickelte Duett: Er also brilliert in einem sprudelnden Parlandostil und in quicklebendigen Ensemblesätzen. Weshalb es in *Gianni Schicchi* auch nur einen Schlager gibt: die Bitte Laurettas an ihren Vater, den Verwandten ihres Verlobten zu helfen: »Väterchen, treues, höre.« Im übrigen bietet die Oper eine Fülle witziger Einfälle und musikalischer Pointen besten Stils. Die Ironie, mit der Puccinis Thematik die greinenden Verwandten begleitet, die Charakterisierung der Titelfigur durch zwei unterschiedliche Motive, die trocken-komische Atmosphäre des Testament-Diktats: Das alles erweist Puccini als höchst humorbegabten Musiker und vielseitigen Dramatiker, der einer Komödie ebenso gerecht zu werden versteht wie einer Tragödie.

TURANDOT
Lyrisches Drama in drei Akten und fünf Bildern

TEXT: Giuseppe Adami und Renato Simoni
DEUTSCHE ÜBERSETZUNG: Alfred Brüggemann

DER STOFF

Mit dem Turandot-Stoff griff Puccini noch einmal zu einem Stück Weltliteratur. Das Märchen stammt aus dem Orient und enthält als mystischen Hintergrund die Vorstellung der

Frau als Hüterin von Lebensgeheimnissen, die das Eindringen in ihren heiligen Bezirk durch drei Fragen abwehrt. Wer sie nicht löst, ist dem Tod verfallen. In der Gestaltung des venezianischen Dichters Carlo Gozzi bekam der Stoff märchenhafte und vor allem komödiantische Züge. Sie wurden dann auch in Friedrich von Schillers Bearbeitung beibehalten. Die Lektüre der Schillerschen Fassung brachte für Puccini die endgültige Entscheidung für *Turandot* (sein Landsmann Ferruccio Busoni hatte bereits einige Jahre vorher eine Turandot-Oper herausgebracht).

Was Puccini entgegenkam, war die Möglichkeit großräumiger Massenszenen und aufwendiger Chorauftritte – dazu hatte er in seinen bisherigen Opern noch kaum Gelegenheit. Vielleicht fand er auch Gefallen daran, in Turandot eine Gestalt zu formen, die so ganz anders war als seine sonstigen »Heldinnen«. Jedenfalls befreundete er sich sehr rasch mit dem Vorschlag Renato Simonis, eines angesehenen Theaterkritikers und -historikers, der dann auch das Libretto ausarbeitete – zusammen mit Giuseppe Adami, der ja schon das Textbuch für den Einakter *Der Mantel* geschrieben hatte.

DIE PERSONEN

Turandot, eine chinesische Prinzessin, *Sopran*
Altoum, Kaiser von China, *Tenor*
Timur, ehemaliger König der Tataren, *Baß*
Kalaf, sein Sohn: der unbekannte Prinz, *Tenor*
Liù, eine junge Sklavin, *Sopran*
Ping, Kanzler, *Bariton*
Pang, Marschall, *Tenor*
Pong, Küchenmeister, *Tenor*
Ein Mandarin, *Bariton*
Der junge Prinz von Persien und der Scharfrichter, *stumme Rollen*
Kaiserliche Wachen, Mandarine, Priester, die acht Weisen, Soldaten, Diener, Musikanten, Volksmenge, *Chor*

Peking in sagenhafter Vergangenheit

DIE HANDLUNG

1. Akt: Es ist wieder einmal soweit: Wie schon so oft, soll vor dem Palast des chinesischen Kaisers eine Hinrichtung vollzogen werden – ein Schauspiel, das die Massen auf die Beine bringt. Das Ritual läuft ab wie immer: Ein Mandarin verliest die Entscheidung der Prinzessin Turandot, daß jeder Königssohn, der sich um ihre Hand bewirbt, sterben muß, wenn er nicht drei Rätsel löst, die sie ihm aufgibt. Es sind, wie es scheint, unlösbare Rätsel, denn bis jetzt ist noch jeder, der sich den Fragen stellte, gescheitert – auch der Prinz von Persien, der heute nach Aufgang des Mondes in einem Schauprozeß hingerichtet wird. Im Gewühl der geifernden Menge kommt es zu einer überraschenden Begegnung: Timur, der vom chinesischen Kaiser entthronte König der Tataren, kam mit seiner treuen Sklavin Liù unerkannt nach Peking und findet in dem jungen Mann, der ihm, dem Gebrechlichen, nach einem Sturz wieder aufhilft, seinen totgeglaubten Sohn Kalaf wieder. Auch er ist auf der Flucht und will hier nur die grausame Prinzessin Turandot einmal sehen, um sie zu verfluchen. Inzwischen wird in einer makabren Prozedur das Richtschwert an einem Schleifstein geschärft. Das Volk begleitet diesen Vorgang mit allen möglichen Kommentaren und erwartet ungeduldig den Mondaufgang. Als nun der blutjunge Perserprinz vorbeigeführt wird, haben die Menschen Mitleid mit ihm und bitten Turandot um Gnade. Die aber erscheint in ihrer Hoheit nur, um den Befehl zur Hinrichtung zu geben. Kalaf ist von ihrem Anblick überwältigt, und obwohl Liù und Timur ihn beschwören, Peking heimlich wieder zu verlassen, steht sein Entschluß fest: Er will sich den Fragen Turandots stellen und »siegen um ihrer Schönheit willen«. Es hilft auch nichts, daß drei leitende Angestellte des kaiserlichen Hofs

– sie sind maskiert – auf ihn einreden: Der Kanzler Ping, der Marschall Pang und der Küchenmeister Pong raten ihm dringend von seinem Vorhaben ab, da er doch nur den Tod dabei finden könne. Selbst die gespenstische Erscheinung der für Turandot Gestorbenen ändern nichts mehr daran. Auch von der verzweifelten Bitte Liùs, die ihm ihre Liebe gesteht, läßt sich Kalaf nicht mehr abhalten. Entschlossen geht er auf den großen Gong zu und schlägt ihn dreimal an – zum Zeichen, daß er als nächster um Turandot werben will.

2. *Akt:* Konferenz von Ping, Pang und Pong. Es paßt ihnen nicht, daß schon wieder eine Hinrichtung bevorsteht. Sie ziehen Bilanz über die Zahl derer, die Turandot in den letzten Jahren enthaupten ließ und beklagen ihr Schicksal, im Grunde nur bessere Henkersknechte zu sein. Mit Prinzessin Turandot sei, so meinen sie, in China so manches aus den Fugen geraten. Und sie wünschen sich nichts sehnlicher, als daß endlich einer käme, der die Rätsel lösen könne und Turandots Gemahl würde. Aber während sie noch ihre Gedanken austauschen, wird das Henkersschwert erneut geschärft, denn niemand zweifelt daran, daß auch Kalaf ihm ausgeliefert sein wird.
Erwartungsvolles Treiben vor dem kaiserlichen Palast. Die Menge der Schaulustigen bestaunt den Auftritt der festlich gekleideten Mandarine, die würdigen Weisen mit den Pergamentrollen in der Hand – sie enthalten die Antworten auf die drei Fragen –, und verneigt sich tief vor Kaiser Altoum, der auf einem Elfenbeinthron oberhalb einer riesigen Freitreppe sichtbar wird, gleich »einem Gott zwischen den Wolken«. Er bedauert, seinerzeit um Turandots willen jenen Eid geschworen zu haben, der ihn immer wieder zwingt, Todesurteile vollstrecken zu lassen. Auch Altoum versucht, Kalaf von seinem Plan abzubringen, aber vergeblich. So nehmen die Dinge wieder ihren Lauf: Ein Mandarin verkündet das Gesetz, und Turandot – ganz in Gold gekleidet – begründet ihren grausamen Entschluß, alle umbringen zu lassen, die ihre Rätsel nicht lösen: Vor vielen tausend Jahren nämlich war eine chinesische Prinzessin von einem Mann entführt und getötet worden.

Turandot, 3. Akt, José Carreras und Eva Marton in den Hauptrollen, Staatsoper Wien

Und diesen Tod will sie rächen, immer und immer wieder. Kein Mann soll je ihr Gemahl werden. Doch dann geschieht das Unerwartete: Sie stellt die erste Frage, und Kalaf findet die richtige Antwort – die Weisen bestätigen es. Auch die zweite Frage ist kein Problem für Kalaf, und als er das dritte Rätsel löst – den Namen Turandot –, ist die Prinzessin fassungslos. Ihre Bitte an den Vater, sie nicht diesem Fremdling zu geben, beantwortet der nur mit dem Hinweis, daß jetzt das Gesetz erfüllt werden müsse. So ist es Kalaf selbst, der Turandot noch eine Chance gibt: Wenn sie bis zum nächsten Morgen seinen Namen weiß, will er auf sie verzichten und sterben.

3. Akt: Turandot setzt alle Hebel in Bewegung, um Kalafs Namen zu erfahren. Sie droht jedem die Todesstrafe an, der ihn weiß und nicht nennt. Außerdem machen sich Ping, Pang und Pong an Kalaf heran, um hinter sein Geheimnis zu kommen. Erst versuchen sie, ihn zu verführen – mit ein paar bildhübschen Mädchen und mit Gold. Dann bieten sie ihm Fluchthilfe an und malen ihm, als auch das nichts hilft, aus, was ihm und ihnen allen in diesem grausamen Land blühen würde, wenn sein Name unbekannt bliebe. Kalaf bleibt standhaft. Selbst der beklagenswerte Anblick von Liù und Timur, die mißhandelt wurden, kann ihn nicht umstimmen. Aber auch aus Liù ist nichts herauszubringen, ihre Liebe zu Kalaf ist größer als die Drohungen Turandots. Um Kalaf nicht zu verraten, ersticht sie sich selbst. Unter dem Mitgefühl der Umstehenden wird ihr Leichnam weggetragen – Turandot und Kalaf bleiben allein. Er stürzt sich auf sie, entreißt ihr den Schleier, küßt sie und sagt ihr seinen Namen. Damit ist Turandots Stolz gebrochen, aber auch ihre Liebe geweckt. Und sie verkündet aller Welt, der Name des Fremdlings sei »Gemahl«. Unter dem Jubel der Menge sinkt Kalaf in ihre Arme.

DIE MUSIK

Der Reiz der Turandot-Musik liegt hauptsächlich in einer außerordentlich geschickten Anwendung unterschiedlicher Klangcharaktere. Mit viel Sorgfalt hat Puccini sich Kenntnisse in der traditionellen Musik Chinas angeeignet und originale Melodien in die Partitur aufgenommen (etwa die Kaiserhymne). Ein entsprechendes Instrumentarium (Gongs und vielfältiges Schlagwerk vor allem, aber auch Celesta und Saxophon) sowie eigenartige Melodiebildungen (Pentatonik) vervollständigen den exotischen Eindruck. Grob gesehen lassen sich musikalisch drei Ebenen unterscheiden: die prunkvolle und kalte Welt Turandots (sie wird gleich in den ersten Takten klar fixiert), die liebende Opferbereitschaft Liùs (deren warmherzige und leidenschaftliche Ausstrahlung an Puccinis frühere

Frauengestalten erinnert) und die Ministerszenen als buffo-neskes Gegenstück. Mitentscheidend für die Wirkung der *Turandot* sind die meisterhaft gearbeiteten Massenszenen (vor allem im 1. Akt), ebenso die stimmungsvollen lyrischen Passagen (der Mondchor im 1. Akt, Kalafs Arie »Keiner schla-fe« im 3. Akt). Puccini konnte die Partitur nicht mehr selbst fertigstellen, seine Niederschrift endet mit dem Tod der Liù. Franco Alfano vollendete die Oper nach Puccinis Skizzen.

Die Werke und ihre Aufführungsgeschichte

Le Villi und Edgar

Die Begeisterung, mit der die Uraufführung von *Le Villi* am 31. Mai 1884 in Mailand aufgenommen wurde, kam ziemlich überraschend, immerhin war der Einakter bei einem Kompositionswettbewerb durchgefallen. Überraschend auch, daß Giulio Ricordi, der das Werk sofort in seinen Verlag nahm, trotz des Erfolgs darauf bestand, für die zweite geplante Inszenierung (26. Dezember 1884 in Turin) eine Umarbeitung in zwei Akte anzufertigen. Er verließ sich dabei wohl mehr auf praktische Theatererfahrungen als auf momentane Beifallskundgebungen. Tatsächlich schien er recht zu behalten, auch die neue Fassung kam – trotz Puccinis Klagen über Sänger, Chor, Orchester und Ballett in Turin – großartig an. Die dritte Premiere freilich (Mailander Scala, 24. Januar 1885) fand eine kühle Aufnahme. Trotzdem gab es hier in derselben Saison noch zwölf weitere Aufführungen. Eine davon besuchte auch Amilcare Ponchielli, und der empfahl seinem ehemaligen Schüler, eine bestimmte Szene zu kürzen. Puccini tat nach reiflicher Überlegung das Gegenteil – mit dem Ergebnis, daß die Oper um eine wesentliche Arie bereichert wurde. In dieser Form wurde *Le Villi* im Februar 1887 in Triest viel beklatscht, in Neapel dagegen gab's ein knappes Jahr später einen respektablen Durchfall. Puccini wurde ausgepfiffen und war ziemlich verärgert über das neapolitanische Publikum.
Was für heutige Verhältnisse kaum vorstellbar ist: Bereits 1886 kam Puccinis Opernerstling in Buenos Aires heraus – als Beginn einer langen Puccini-Tradition in Argentinien. Eine Neuinszenierung von *Le Villi* 1890 in Brescia, die Arturo Toscanini dirigierte, brachte die erste Begegnung zwischen dem damals noch völlig unbekannten Dirigenten und Puccini. Ob-

wohl beide recht unterschiedliche Ansichten vertraten, verstanden sie sich erstaunlich gut. Später allerdings sollte ihr Verhältnis getrübt werden.

Bemerkenswert war dann auch die erste fremdsprachige Puccini-Premiere. Sie fand am 29. November 1892 mit *Le Villi* in Hamburg statt. Dirigent war der damals 32jährige Gustav Mahler, der sich später als Opernchef in Wien nicht gerade als Puccini-Fan erweisen sollte. Das Interesse an *Le Villi* ließ im Lauf der Jahre mehr und mehr nach, und die Oper verschwand schließlich fast völlig von den Bühnen.

Dasselbe gilt im großen und ganzen auch für das Schicksal des *Edgar*. Schon die Uraufführung am 21. April 1889 an der Mailänder Scala (es war der Ostersonntag dieses Jahres) ließ keine allzu großen Hoffnungen zu, obwohl der namhafte Dirigent Franco Faccio sein möglichstes tat. Nach zwei weiteren Aufführungen jedenfalls nahm die Scala-Direktion den *Edgar* aus dem Repertoire. Puccini entschloß sich zu einer Überarbeitung, und so kam es am 5. September 1891 zu einer Aufführung im Teatro del Giglio in Lucca, was für den Komponisten eine Art Heimkehr in die Vaterstadt bedeutete. Er wurde auch groß gefeiert, man veranstaltete sogar einen Fackelzug zu seinen Ehren. Ein halbes Jahr später, im März 1892, kam *Edgar* in Madrid heraus – übrigens in prominenter Besetzung. Die Titelpartie sang der damals sehr berühmte Tenor Francesco Tamagno, neben ihm waren Eva Tetrazzini und Giuseppina Pasqua zu hören. Die Vorbereitungen ließen zunächst das Schlimmste befürchten. Puccini, der selbst aktiv daran mitwirkte, berichtete am 8. März 1892 an Giulio Ricordi: »Die Langsamkeit, mit der hier alles vor sich geht, ist unvorstellbar ... Die Chöre sind mäßig, und das Orchester ebenso. Sie geben nicht mehr als die Noten, sie haben keine Kraft. Es klingt, als ob sie alle unter der Bühne spielen und singen ... Vertrauen wir auf Gott! Und lassen wir den Ereignissen ihren Lauf.«[1] Trotz dieser resignierenden Aussichten kam Puccini in Madrid auf seine Rechnung: Das Publikum applaudierte begeistert, in der Ehrenloge gratulierten ihm Mitglieder der königlichen Familie, und er wurde zu einer

Audienz bei der spanischen Königin eingeladen. Später freilich war mit *Edgar* nicht mehr viel Staat zu machen. Puccini fand sich damit ab, er hatte eingesehen, daß die Schwächen des Librettos zu offenkundig waren, als daß die Oper auf die Dauer hätte erfolgreich sein können. Jahre später äußerte er seinem Freund Arnaldo Fraccaroli gegenüber: »Das Fundament einer Oper ist das Sujet und dessen Behandlung. Das Libretto des *Edgar*, bei allem Respekt für das Andenken meines Freundes Fontana, war Mist, den ich akzeptiert habe ... Mein Fehler war größer als seiner.«[2]

Manon Lescaut

Die Uraufführung der *Manon Lescaut* am 1. Februar 1893 in Turin (mit Cesira Ferrani und Giuseppe Cremonini in den Hauptrollen und Alessandro Tomé am Pult) war für Puccini der Beginn seines Weltruhms. Publikum und Presse zeigten sich begeistert, und die Theater rissen sich um das Stück. Noch im gleichen Jahr gab es Premieren in Trient, Udine, Brescia, Lucca (wo Pietro Mascagni dirigierte), Bologna, Rom, Genua und Verona, außerdem in Hamburg, Madrid, Rio de Janeiro, Buenos Aires und St. Petersburg. Puccini kam mit dem Reisen kaum mehr nach, denn wo immer es ging, besuchte er die Premieren persönlich. Besonders gut tat ihm der geradezu überwältigende Erfolg der *Manon Lescaut* am 21. Januar 1894 in Neapel, wo man doch *Le Villi* seinerzeit so übel mitgespielt hatte. Im Februar desselben Jahres folgten Lissabon, Leipzig und Mailand. Hier gab man zu Puccinis Ehren ein Bankett, an dem das gesamte Ensemble der Scala teilnahm und das mit Ausschnitten aus der Oper (Puccini begleitete am Flügel) seinen Höhepunkt fand. Mitte März 1894 dirigierte Arturo Toscanini die Erstaufführung in Pisa, und das Publikum in Budapest lernte schon im April die Oper kennen. Puccini nahm auch hier die Elogen persönlich entgegen und schloß auf der Rückreise den Vertrag für die Wiener Erstaufführung.

Im Mai 1894 erlebte Puccini die englische Premiere an der Covent Garden Opera in London. Da Ricordi dafür so ganz auf die Schnelle ein Ensemble in Italien zusammentrommeln mußte, ließ die Aufführung hier und da zu wünschen übrig. Dennoch war das Echo einhellig positiv. Auch der Dichter G. B. Shaw saß im Parkett, und seine gründliche Besprechung des Abends schloß mit den Worten: »Aus diesen und anderen Gründen scheint mir Puccini weit eher der Erbe Verdis zu sein als einer seiner Rivalen.«[3] Daß 1894 und 1895 *Manon Lescaut* auch in Moskau, Warschau, Prag, Mexico City und Montevideo herauskam, läßt geradezu von einem Siegeszug sprechen.

Zu Beginn des Jahres 1907 veranstaltete die Metropolitan Opera in New York eine Serie von Puccini-Aufführungen in Gegenwart des Komponisten. Sie wurde mit *Manon Lescaut* eingeleitet – ein Abend, der dem Komponisten wahre Ovationen einbrachte. An Tito Ricordi, den Sohn des Verlegers, schrieb er am 19. Januar 1907 nach Mailand: »Die Premiere von *Manon* – ein Abend, den man kaum beschreiben kann. Begeisterte Aufnahme vor einem übervollen Haus. Sechs Verbeugungen aus der Direktionsloge nach dem 1. Akt. Nach dem zweiten zeigte ich mich siebenmal auf der Bühne. Nach dem dritten zeigte ich mich nicht, sondern blieb in der Direktionsloge. Die Künstler applaudierten, während das Publikum schrie und klatschte.«[4] Manon war übrigens Lina Cavalieri, Des Grieux Enrico Caruso. Drei Jahre später gastierte die Metropolitan Opera Company mit einer Folge italienischer Opern im Pariser Théâtre du Châtelet, und auch dabei bekam *Manon Lescaut* stürmischen Applaus. Am Pult stand Arturo Toscanini, den Des Grieux sang wiederum Enrico Caruso, die Manon die erst 22jährige Lucrezia Bori. Ihr Kostüm im letzten Akt war so ziemlich das einzige, was Puccini an der Inszenierung auszusetzen hatte, es schien ihm für eine Flucht in der Prärie viel zu sauber. So schüttete er einfach eine Tasse Kaffee über das Kleid, und das gefiel ihm dann. Daß die Pariser Presse über *Manon Lescaut* herzog, war zu erwarten gewesen. Die Vertonung des Stoffes durch den Franzosen Jules

Massenet wurde natürlich als die wesentlich bessere herausgestellt. Puccini konnte sich damit abfinden, denn in Italien hatte Massenet nur wenig Chancen gegen ihn. So erlebte er 1922, zwei Jahre vor seinem Tod, eine Neuinszenierung seiner *Manon Lescaut* an der Mailänder Scala unter Toscanini, von der er hingerissen war: »Nie, wirklich nie habe ich es so genossen, meine Musik zu hören«, schrieb er an seinen Freund Riccardo Schnabl-Rossi.[5]

Eine Manon-Aufführung war es auch, die sich dem italienischen Dirigenten Vittorio Gui unvergeßlich eingeprägt hatte. Enrico Caruso sang den Des Grieux, und Gui erzählt von einer Probe: »Als das Schiff klarmachte, um Manon in die Verbannung zu bringen ..., warf Caruso plötzlich Stock und Hut fort, stürzte sich zu Füßen seines alten Sangeskollegen Girone und, unmittelbar seine Rolle aufnehmend, sang mit einer solch unerhörten Leidenschaft und Inbrunst und trug seine Bitte derart ergreifend mit schluchzender Kehle vor, daß der arme Girone nicht mehr die Kraft fand, die wenigen Takte seiner Partie zu Ende zu singen. Alles verstummte, das Orchester, der Dirigent, der Chor, und viele schneuzten sich umständlich die Nase oder wischten verstohlen über die naß gewordenen Augen. Nach mehr als einem halben Jahrhundert habe ich noch immer nicht diese Szene vergessen.«[6]

Eine ganz andere Erinnerung an eine Manon-Aufführung erwähnt Rudolf Bing, der langjährige Generaldirektor der Metropolitan Opera, in seinen Memoiren. Als Des Grieux hatte er den berühmten Jussi Björling verpflichtet, den er für einen »sehr verantwortungslosen Künstler« hielt. Und von ihm berichtet er: »Einer der erstaunlichsten Vorfälle, den ich je auf einer Opernbühne sah, ereignete sich ... im letzten Akt von Puccinis *Manon Lescaut*. An jenem Abend hatte Björling, der den Des Grieux sang, Rückenschmerzen und verspürte keine Lust aufzustehen und für die sterbende Manon Wasser zu holen. Die stets hilfsbereite Licia Albanese stand auf seinen Vorschlag hin auf und holte sich das Wasser selbst.«[7]

Carlo Bersenzio, der Musikkritiker der italienischen Zeitung »Stampa«, schrieb nach der wenig erfreulichen Bohème-Uraufführung am 1. Februar 1896. »Die *Bohème* hinterläßt kaum Eindrücke in den Gefühlen des Zuhörers, und ebenso unbedeutend werden die Spuren sein, die sie in der Geschichte unseres Musiktheaters hinterläßt.«[8] Der kluge Mann sollte sich gewaltig irren. Zwar fand die Oper auch drei Wochen später bei ihrer Erstaufführung in Rom nur ein reserviertes Publikum und enttäuschende Pressestimmen, aber bereits die dritte Inszenierung Mitte April 1896 in Palermo brachte den ersehnten und verdienten Erfolg. Die Leute schrien in einem fort »da capo«, weigerten sich, das Theater zu verlassen und gaben keine Ruhe, bis die Hauptdarsteller – bereits in Straßenkleidung – aus der Garderobe geholt wurden.

Für Puccinis Geburtsstadt Lucca bedeutete die Erstaufführung der *Bohème* ein besonderes Ereignis. Leopoldo Mugnone, der Dirigent aus Palermo, leitete auch hier die Vorstellungen – es fanden dreizehn statt –, und alle waren ausverkauft. Man ließ sich sogar herbei, für die auswärtigen Besucher den Zugfahrplan nach den Anfangs- und Schlußzeiten der Oper einzurichten. Noch 1896 kam es zu einer Bohème-Premiere in Buenos Aires, andere Weltstädte folgten 1897, so etwa Moskau, Wien, Los Angeles, Mexico City, Manchester, wo die Erstaufführung für England stattfand – übrigens bereits in englischer Sprache. Natürlich reiste Puccini hin, war aber entsetzt über die Qualität der reisenden Theatergruppe Carlo Rosa, die die Premiere ausrichtete. Später berichtete der Komponist seinem ersten Biografen Wakeling Dry darüber: »Ich werde nie den Schock vergessen, als ich im Theater feststellen mußte, daß das Orchester auf eine Weise untergebracht war, wie ich es bisher nur im Zirkus erlebt hatte ... Alle Instrumente gaben unentwegt einzelne schmetternde und bumsende Laute von sich, so daß mir Hören und Sehen verging.«[9] Ganz anders allerdings empfand es der Kritiker der »London Times«, Herman Klein. Er stellte fest: »Endergebnis: Vortreffliche Wiedergabe einer herrlichen Oper, ein überfülltes Haus, unverkennbare Begeisterung, zahllose Hervorrufe, insgesamt voller Erfolg.«[10] Die Carlo-Rosa-Truppe reiste mit der *Bohème* dann durch ganz England, man spielte u. a. in Glasgow, Edinburgh und in London – vier ganze Wochen lang, aber ohne sonderlichen Erfolg. Der stellte sich erst Jahre später ein, als man die *Bohème* auch in England in der Originalsprache gab.

Am 5. Oktober 1897 kam es dann zur ersten Aufführung an der Wiener Hofoper, der Gustav Mahler vorstand. Er mochte Puccini nicht besonders und störte, so wird berichtet, die Premiere immer wieder durch abschätzige Bemerkungen. Acht Monate später lernte Paris die *Bohème* kennen und gleich auch schätzen. Selbst die Fachwelt äußerte sich anerkennend, und es will schon etwas heißen, wenn Jules Massenet, der Komponist der »anderen« *Manon*, zugab, die *Bohème* sei eine vollkommene Oper. Daran allerdings hätte man gelegentlich zweifeln können. Zum Beispiel am 16. Dezember 1900, als die Saison an der Mailänder Scala mit Wagners *Tristan und Isolde* eröffnet werden sollte und der Heldentenor des Hauses krank wurde. Als Ersatzvorstellung wählte man die *Bohème*, aber die Sache ging schief, weil der junge Enrico Caruso, der den Rudolf sang und damit sein Debüt an der Scala gab, indisponiert war und deshalb einen denkbar schlechten Eindruck hinterließ. Auch Toscanini am Pult konnte da nicht viel retten, das Publikum versagte dem Ensemble jeglichen Applaus, und Puccini ärgerte sich über die mißlungene Aufführung derart, daß er sie bereits zu Beginn des letzten Aktes verließ.

Doch derartige Pannen konnten der *Bohème* nicht schaden, sie wurde zu einer der meistgespielten Opern überhaupt, und Thomas A. Edison, der Erfinder des Phonographen, hatte schon recht, wenn er an Puccini schrieb: »Menschen sterben und Regierungen wechseln, aber die Arien aus *La Bohème* werden ewig leben.«[11] Einer Bohème-Inszenierung verdankt übrigens einer der größten Tenöre unserer Tage seine Karriere. In seinem Buch »Opernjahre« schreibt Rolf Liebermann, der ehemalige Intendant der Hamburgischen Staatsoper: »Jedesmal, wenn ich nach New York komme, arrangieren Impre-

sarios Vorsingen für mich. Bei einer dieser Prüfungen hörte ich vor Jahren einen Tenor, der unglücklicherweise total indisponiert war. Er konnte kaum ein paar Takte andeuten, aber ich verpflichtete ihn sofort. Er sollte in der Hamburger Neuinszenierung der *Bohème* den Rudolf singen. Trotz seiner vorübergehenden Stimmlosigkeit hatten mich sein Charme, seine Präsenz, seine Ausstrahlung für ihn eingenommen ... Sein Name war Placido Domingo. Der Rudolf machte ihn, wie vorausgesehen, über Nacht zum Publikumsliebling, und nun gab es für ihn kein Halten mehr.«[12]

Tosca

Puccini war inzwischen verwöhnt und deshalb wohl etwas ungerecht, als ihn der Erfolg der Tosca-Uraufführung am 14. Januar 1900 in Rom enttäuschte. Wenn es dabei auch keine Begeisterungsstürme gab, so doch immerhin zustimmenden Beifall und Dacapos. Besser sah für ihn dann schon die nächste Inszenierung in Mailand aus. Zumindest das Publikum jubelte ihm zu, wenn auch die Presse an dem Werk herumzumäkeln hatte. Dann folgten Aufführungen in Verona und Genua, wo man eigens die Orgel aus der Kirche S. Zita ins Opernhaus transportierte, weil es dort kein geeignetes Instrument gab. Im Sommer 1900, also bereits ein halbes Jahr nach der Uraufführung, kam *Tosca* an der Covent Garden Opera in London heraus, und Puccini konnte mit dem Echo zufrieden sein. Man feierte ihn in der Londoner Gesellschaft und ließ ihn, wohin er auch kam, alle Sympathien spüren. Am 9. Dezember 1900 erlebte er dann eine Aufführung in Bologna, bei der Enrico Caruso den Cavaradossi sang. Im Herbst 1902 reiste Puccini nach Dresden, um sich dort die deutsche Erstaufführung anzusehen. In der »Neuen Zeitschrift für Musik« beschäftigte sich am 5. November 1902

Mahler-Karikatur von Enrico Caruso, 1908

G. Richter ziemlich empört mit dem Ereignis: »Unsere großen Bühnen, die sich oft und gern deutscher Musik verschließen, öffnen Tür und Tor solch welscher, gefühlsroher Mache. Und unser liebes Publiko? O wie klatschte es Beifall und jubelte dem Komponisten zu. Wie waren die feingebildeten Aristokratinnen begeistert, denn drei Viertel der Besucher waren Damen. Waren das alles deutsche Frauen? Deutsche Frauen, deren Herz so abgestumpft ist, … deren Schönheitssinn so tief gesunken, daß sie ein solches Schandstück mit Beifall auszeichnen konnten?«[13] Zu Puccinis Musik meinte der erboste Kritiker nur, sie sei geschickt gemacht und klänge so, als wäre es manchmal Kunst.

Im Herbst 1903 ging's dann nach Paris, wo *Tosca* am 13. Oktober erstaufgeführt wurde. Hier ergab sich das gewohnte Bild: Das Publikum war hingerissen, die Kritiker eher feindselig. Der Komponist Gabriel Fauré fand »bestürzende Vulgaritäten«[14] in dem Werk, und Claude Debussy stellte in der Tosca-Partitur eine »nahezu vollkommene Nachahmung unserer eigenen Meister« fest.[15] Trotzdem waren sämtliche Vorstellungen ausverkauft, in einer Woche standen sogar dreimal die *Tosca* und einmal die *Bohème* auf dem Spielplan.

In Wien machte 1914 in der Titelrolle die junge Maria Jeritza auf sich aufmerksam – mit ihrer einmaligen Stimme, aber auch mit einem Gag. Sie sang die Arie »Nur der Schönheit weiht' ich mein Leben« im Liegen. Während einer Probe war sie gestolpert und hatte auf dem Boden weitergesungen. Puccini war von diesem Effekt so angetan, daß er darauf bestand, ihn beizubehalten. In Wien war es auch, wo das Publikum vor einigen Jahren gleich zwei Cavaradossis in einer Tosca-Aufführung vorgesetzt bekam. Der vorgesehene Giuseppe di Stefano war gesundheitlich nicht ganz auf der Höhe an diesem Abend und schaffte mit Mühe und Not den 1. Akt. Giuseppe Zampieri sprang für ihn ein und sang die Partie zu Ende. Dies und einige andere Unzulänglichkeiten der Vorstellung (eine Tosca mit einer Stimme »von besonders seltener Häßlichkeit«) veranlaßten den Kritiker Karl Löbl zu der nicht alltäglichen Schlagzeile: »Ein besonders schrecklicher Abend.«

Es war nun schon fast Gewohnheit, daß die Qualitäten von Puccini-Opern erst nach einer Uraufführungs-Niederlage erkannt wurden. So geriet denn auch der Start der *Madame Butterfly* am 17. Februar 1904 an der Mailänder Scala (mit der ausgezeichneten Rosina Storchio in der Titelrolle und Giovanni Zenatello als Linkerton) zu einer Art Katastrophe. Und die wenig später geplante Premiere in Rom wurde verschoben, weil Puccini und seine Librettisten bereits eine Umarbeitung des zweiaktigen Stücks auf drei Akte vornahmen. Außerdem kam man überein, die Neufassung vorsichtshalber erst einmal in der Provinz zu testen. Die Wahl fiel auf das Teatro Grande in Brescia, und dort fand *Madame Butterfly* am 28. Mai 1904 ein ausgesprochen begeistertes Publikum. Sieben Nummern mußten wiederholt werden, und Puccini wurde am Schluß der Vorstellung zehnmal vor den Vorhang gerufen – für seine sonstigen Verhältnisse nicht einmal so überwältigend viel. Aber nach dem Fiasko in Mailand war das doch wieder etwas. Dazu erfuhr Puccini die Genugtuung, daß Kritiker, die seine jüngste Oper noch ein Vierteljahr vorher verrissen hatten, jetzt ihre Meinung änderten und plötzlich eine ganze Menge zu loben wußten. Und schon bald trat *Madame Butterfly* ihren Siegeszug um die Welt an. Daß die Oper in Italien sofort überall nachgespielt wurde, versteht sich. Nicht so selbstverständlich war, daß die argentinische Zeitung »La Prensa« Puccini bereits für den Sommer 1905 einlud, einer Aufführungsserie von Puccini-Opern in Buenos Aires beizuwohnen. Von *Edgar* abgesehen wurden alle Abende heftig akklamiert, besonders die *Madame Butterfly*, die hier – wie bei der Uraufführung – von Rosina Storchio gesungen wurde. Über vier Wochen lang genoß der Komponist seinen Triumph und versäumte darüber die erste englische Aufführung der *Butterfly* am 10. Juli 1905 in London. Hier waren Emmy Destinn und Enrico Caruso die Stars. Erst am 25. Oktober 1905 hatte Puccini Gelegenheit, sich von der Qualität der Londoner Inszenierung zu überzeugen. In den

Hauptrollen erlebte er hier Rina Giachetti und den Uraufführungs-Linkerton Giovanni Zenatello. 1906 lernte man dann während eines Puccini-Festivals die *Butterfly* auch in Budapest kennen, und im gleichen Jahr zog auch Paris nach. Aber da gab's Probleme. Die Titelpartie nämlich sollte Marguerite Carré singen, die Frau des Direktors der Opéra Comique, und die war weder besonders musikalisch noch besonders intelligent. Es fiel Puccini schwer, die unbegabte Sängerin in Kauf nehmen zu müssen, um so mehr, als ihretwegen die Premiere auch noch verschoben werden mußte (sie bekam eine Halsentzündung). Am 28. Dezember ging die Premiere schließlich über die Bühne, und Puccini mußte, wie in Paris gewohnt, wieder so manche herbe Kritik einstecken. Aber das brauchte ihn nicht weiter zu stören, denn er war damals eigentlich schon auf dem Weg nach Amerika, wo man ihm wohlgesonnener war.

Dort hatte *Madame Butterfly* bereits erfolgreich die Runde gemacht, über sechzig Städte in den Vereinigten Staaten und in Kanada erlebten die Oper in einer Wiedergabe durch eine Tourneebühne – allerdings in englischer Sprache. Die erste italienische Aufführung sollte am 11. Februar 1907 an der Metropolitan Opera in New York herauskommen, und man hatte Puccini eingeladen, die Premiere mit vorzubereiten. Obwohl ihm Stars wie Geraldine Farrar und Enrico Caruso zur Verfügung standen, war er mit dem Ergebnis nicht zufrieden. Immerhin: Publikum und Presse fanden die Aufführung hervorragend. Und so war's im gleichen Jahr auch noch in Wien und Madrid: Überall wurde die »kleine Frau Schmetterling« mit großer Begeisterung aufgenommen. Die deutsche Erstaufführung fand am 27. September 1907 in Berlin statt – nicht gerade mit begeistertem Echo der Kritik. »Es wäre besser, er hätte sie für immer im Pult gelassen«, räsonierte der berühmte Paul Bekker in der »Allgemeinen Musikzeitung« vom 4. Oktober 1907.[16] Wäre es nach dem Wunsch dieses allzu strengen Kritikers gegangen, dann hätten die Wiener Jahre später auf eine hübsche kleine Geschichte verzichten müssen, die sich während einer Butterfly-Aufführung zutrug. Weil man da keinen geeigneten Knaben als Butterflys Kind aufgetrieben hatte, verpflichtete man ein aufgewecktes Mädchen für die Rolle. Als es von Konsul Sharpless im 2. Akt nach seinem Namen gefragt wurde, antwortete es prompt und ohne Rücksicht auf das Textbuch: »Mizzi.«

Das Mädchen aus dem Goldenen Westen

»Großartige Aufnahme der neuen Oper« – »Caruso so gut wie nie« – »Emmy Destinn grandios in der bedeutendsten Frauenrolle des modernen Melodrams« – so lauteten die Schlagzeilen über die Uraufführung von Puccinis Oper *Das Mädchen aus dem Goldenen Westen*. Seriöse Fachleute beurteilten das Werk etwas vorsichtiger, und so war nicht vorauszusehen, wie es um weitere Erfolge bestellt sein würde. Zunächst allerdings konnte man es sich leisten, die Preise der ungewöhnlich teuren Eintrittskarten für die zweite Vorstellung zu verdoppeln. Und es war klar, daß Puccinis Weltruf für das Interesse anderer großer Bühnen garantieren würde. So gastierte nach neun Wiederholungen an der Met dasselbe Ensemble auch in Chicago und Boston. In Europa war die Oper zum ersten Mal am 29. Mai 1911 zu hören, und zwar nicht – was eigentlich zu erwarten gewesen wäre – in Italien, sondern an der Covent Garden Opera in London. Hier zeigte sich dasselbe Bild wie in New York: ein ausverkauftes Haus, Beifallsstürme des Publikums und zurückhaltende Reaktionen in der Presse. Man prophezeite dem *Mädchen* kein langes Bühnenleben. Anders wenige Wochen später nach der italienischen Erstaufführung in Rom. Abgesehen vom Abend selbst, bei dem Arturo Toscanini am Pult stand und der durch die Gegenwart des italienischen Königspaares einen besonderen Akzent bekam, fanden die Kritiker, das *Mädchen* sei unter allen Puccini-Opern die wirkungsvollste, man rühmte vor allem, mit welcher Ökonomie der Komponist in dieser Partitur seine künstlerischen Mittel angewandt habe.

Unter diesen Umständen mußte es für jeden Theaterleiter ein Vergnügen sein, Puccinis neue Oper in den Spielplan aufzunehmen. Daß das in vielen Häusern Italiens unverzüglich geschah, versteht sich (obwohl sich die renommierte Scala in Mailand bis 1912 Zeit ließ). Den Vorreiter im Ausland machte Paris, wo – wie bei früheren Puccini-Opern auch – das Publikum jubelte, während sich die Kritiker recht unbeeindruckt gaben. Wie hier kümmerte sich Puccini dann auch in Budapest selbst um die Einstudierung. Und da hätte er um ein Haar die Aufführungsrechte wieder zurückgezogen, weil er mit vielem nicht einverstanden war. Letzten Endes aber fand die Wiedergabe dann doch seine Zustimmung, vor allem wegen Elsa Szamosy, die dort die Titelpartie sang. Auf einer Fotografie, die Puccini ihr schenkte, bestätigte er ihr dankbar, sie sei die beste Butterfly und die beste Minnie, die er erlebt habe. Nicht zum ersten Mal übrigens vergab er so generöse Komplimente, und als man ihm vorhielt, ähnliches habe er doch von anderen Sängerinnen auch schon gesagt, meinte er unbeeindruckt: »Haben Sie nicht manchmal geglaubt, mehrere Mädchen auf einmal zu lieben oder sie gar wirklich geliebt? . . . Ich kann mich an die Damen nicht mehr erinnern, wenn ich mein Gefühl aber jedesmal in den gleichen Worten . . . ausgedrückt habe, dann dürfen Sie versichert sein, daß ich es in dem Augenblick, als ich es schrieb, auch wirklich so empfunden habe.«[17]

Wer weiß, ob sich Puccini 1912 in Wien nicht auch in dieser Hinsicht verausgabt hat. Denn die dortige Erstaufführung des *Mädchens aus dem Goldenen Westen* wurde hauptsächlich durch die Darstellerin der Titelpartie zu einem großen Ereignis. Es war die berühmte Maria Jeritza, mit der er die Rolle bis ins letzte Detail erarbeitet hatte. Sie selbst erinnerte sich später: »Er hat mich geformt. Ich war seine Schöpfung.«[18] Trotzdem: Die weitere Aufführungsgeschichte sollte den Kritikern recht geben. Die Popularitätskurve der Oper geriet im Lauf der Jahre sozusagen in die roten Zahlen. Heute sind Aufführungen eher Raritäten auf dem Spielplan.

Der 14. Dezember 1918 bescherte Puccini nur einen Teilerfolg. Die Uraufführung seiner drei Einakter an der New Yorker Met fand eine unterschiedliche Bewertung der einzelnen Werke: Begeistert war man von *Gianni Schicchi*, weniger vom *Mantel*, und mit *Schwester Angelica* wußte man überhaupt nichts Rechtes anzufangen. Ähnlich lagen die Dinge vier Wochen später bei der italienischen Erstaufführung am Teatro Costanzi in Rom am 11. Januar 1919. Auch hier sah man in *Gianni Schicchi* ein Meisterwerk und fand den *Mantel* mißlungen, während *Schwester Angelica* wenigstens noch ein bißchen besser wegkam. Als nächste Premiere erhoffte sich Puccini eine Aufführung der drei Einakter in London, einem gewohnt sicheren Platz für seine Auslandserfolge. Doch darauf mußte er eine Weile warten – nicht zuletzt deshalb, weil er wegen Arturo Toscanini intervenierte, der als Dirigent vorgesehen war. Der nämlich hatte sich geweigert, den *Mantel* zu dirigieren, weil er ihn einfach schlecht fand. So kam er nach Puccinis Meinung auch für die beiden anderen Teile nicht in Frage. »Ich will diesen Gott nicht haben«, schrieb er am 16. März 1919 an seine Freundin Sybil Seligman, »er ist für mich unbrauchbar – und ich behaupte, was ich immer behauptet habe, daß ein Orchesterleiter, der nichts von den Opern hält, die er dirigieren soll, sie nicht richtig interpretieren kann.«[19] Als Toscanini dann von sich aus in London absagte, war die Sache zwar bereinigt, aber man stand ohne Dirigenten da. Puccini schlug Thomas Beecham vor, aber die Operndirektion lehnte ab. Dann machte er sich für den Italiener Ettore Panizzi stark, doch der hatte andere Termine. Nach einigem Hin und Her wurde die Premiere auf die nächste Spielzeit verschoben. Ein Trost wenigstens, daß die Spielzeit am 12. Mai 1919 mit *La Bohème* eröffnet wurde. Erst ein Jahr später, am 18. Juni 1920, kamen die drei Einakter in London heraus. Auch hier gewann vor allem *Gianni Schicchi* die Herzen des Publikums, *Schwester Angelica* wurde nach zwei Vorstellungen abgesetzt. Für Puccini bedeutete es eine bittere

Erfahrung, daß gerade dieses Stück, das er ganz besonders liebte, so wenig Resonanz fand. Entschädigt sah er sich – wenigstens ein bißchen – im Oktober 1920, als *Das Triptychon* an der Wiener Staatsoper mit unerwartetem Erfolg für alle drei Teile Premiere hatte. Für die weibliche Hauptrolle im *Mantel* wurde wieder Maria Jeritza gewonnen, für die *Schwester Angelica* Lotte Lehmann. Doch auch solche Starbesetzungen konnten die beiden Stücke auf die Dauer nicht retten, ein ehrliches Repertoire-Werk ist allein *Gianni Schicchi* geblieben.

Turandot

Bei allem angemessenen Respekt vor dem toten Puccini hatte die Uraufführung der *Turandot* am 25. April 1926 an der Mailänder Scala – der Dirigent Arturo Toscanini hatte die Vorstellung dort abgebrochen, wo Puccinis Partitur unvollendet geblieben war – auch einen spektakulären Effekt. Die zweite Aufführung jedenfalls löste einhellige Begeisterung aus, und Puccinis letzte Oper machte noch im gleichen Jahr die Runde an internationalen Opernhäusern. Knapp ein Vierteljahr später, am 4. Juli 1926, ging die deutsche Erstaufführung über die Bühne der Dresdner Staatsoper – Fritz Busch dirigierte, die ungarische Sopranistin Anne Roselle sang die Turandot, Richard Tauber den Kalaf. In einer Kritik, die im September 1926 in der »Zeitschrift für Musik« erschien, meinte O. Schmid: »Für die Ausmaße der großen Oper fehlt Puccinis Musik der Atem, das Pathos des Dramatikers. Es fehlt ihr die große Geste. Er bleibt im Sentiment stecken, wo es heißt, Leidenschaften aufzuwühlen.«[20]
Die Wiener Staatsoper leistete sich eine österreichische Doppelpremiere der *Turandot*. Am 14. Oktober 1926 sangen Lotte Lehmann (Turandot) und Leo Slezak (Kalaf), in der folgenden Vorstellung waren in denselben Partien Maria Nemelle und Jan Kiepura zu hören. Bereits am 16. November 1926 erreich-

te die *Turandot* die legendäre Metropolitan Opera in New York. Die nicht weniger legendäre Maria Jeritza sang die Turandot, Giacomo Lauri-Volpi den Kalaf, Dirigent war Tullio Serafin. Die nächste Neuinszenierung der *Turandot* gab's an der Met übrigens erst am 4. November 1961 mit Birgit Nilsson und Richard Tucker unter der musikalischen Leitung von Leopold Stokowski. Die Turandot der Uraufführung, Rosa Raisa, bewunderte ihre Kollegin dabei im Zuschauerraum. 1961 kam Puccinis letzte Oper auch wieder in Wien heraus, diesmal mit Birgit Nilsson und Giuseppe di Stefano, die Liù sang Leontyne Price. Ebenfalls eine Wiener *Turandot* machte im Sommer 1983 von sich reden: Mit Eva Marton (Turandot), Katia Ricciarelli (Liù) und José Carreras hatte der Wiener Opernchef Lorin Maazel offenbar eine Idealbesetzung engagiert, das Publikum jedenfalls »jubelte vom Anfang bis zum Schluß«, wie ein Kritiker zufrieden registrierte.

Anmerkungen

»Ich quäle mich redlich«: Giacomo Puccinis Leben und Schaffen

[1] Julius Kapp: Das Opernbuch. Leipzig 1922, S. 397.
[2] Howard Greenfeld: Puccini. Sein Leben und seine Welt. Königstein i. Ts. 1982, S. 39.
[3] Ebd., S. 18.
[4] Ebd., S. 21.
[5] Ebd., S. 22.
[6] Giuseppe Adami: Puccini. Ein Musikerleben. Mailand 1935, S. 7.
[7] Greenfeld, Puccini, S. 31.
[8] Ebd., S. 39.
[9] Ebd., S. 41.
[10] Ebd., S. 51.
[11] Adami, Puccini, S. 46.
[12] Greenfeld, Puccini, S. 56.
[13] Ebd., S. 66.
[14] Ebd., S. 71.
[15] Ebd., S. 72.
[16] Ebd., S. 71.
[17] Ebd., S. 81.
[18] Adami, Puccini, S. 61.
[19] Greenfeld, Puccini, S. 104.
[20] Adami, Puccini, S. 78.
[21] Greenfeld, Puccini, S. 137.
[22] Ebd., S. 42.
[23] Wolfgang Marggraf: Giacomo Puccini. Wilhelmshaven 1979, S. 206.
[24] Adami, Puccini, S. 106.
[25] Greenfeld, Puccini, S. 156.
[26] Ebd., S. 158.
[27] Ebd., S. 158.
[28] Ebd., S. 188.
[29] Ebd., S. 190.
[30] Ebd., S. 192.
[31] Ebd., S. 218.
[32] Ebd., S. 224.
[33] Ebd., S. 239.
[34] Ebd., S. 247.

[35] Adami, Puccini, S. 154.
[36] Greenfeld, Puccini, S. 258.
[37] Adami, Puccini, S. 215.
[38] Greenfeld, Puccini, S. 260.
[39] Adami, Puccini, S. 217.
[40] Greenfeld, Puccini, S. 265.
[41] Adami, Puccini, S. 255.
[42] Karl Gustav Fellerer: Giacomo Puccini. Potsdam 1973, S. 7.

Daten und Umfeld

[1] Howard Greenfeld: Puccini. Sein Leben und seine Welt. Königstein i.T.s.1982, S. 20.
[2] Ebd., S. 31.
[3] Ebd., S. 39.

Die Werke und ihre Entstehungsgeschichte

[1] Giuseppe Adami: Puccini. Ein Musikerleben. Mailand 1935, S. 9.
[2] Howard Greenfeld: Puccini. Sein Leben und seine Welt. Königstein i.Ts. 1982, S. 36.
[3] Ebd., S. 39.
[4] Ebd., S. 56.
[5] Ebd., S. 72.
[6] Ebd., S. 87.
[7] Ebd., S. 88.
[8] Ebd., S. 88.
[9] Ebd., S. 89.
[10] Ebd., S. 91.
[11] Ebd., S. 93.
[12] Ebd., S. 99.
[13] Ebd., S. 101.
[14] Ebd., S. 102.
[15] Ebd., S. 106.
[16] Adami, Puccini, S. 87.
[17] Ebd., S. 95.
[18] Ebd., S. 93.
[19] Greenfeld, Puccini, S. 127.
[20] Ebd., S. 128.
[21] Adami, Puccini, S. 97.
[22] Greenfeld, Puccini, S. 143.

[23] Ebd., S. 134.
[24] Ebd., S. 143.
[25] Adami, Puccini, S. 108.
[26] Ebd., S. 111.
[27] Greenfeld, Puccini, S. 145.
[28] Ebd., S. 151.
[29] Ebd., S. 155.
[30] Ebd., S. 157.
[31] Adami, Puccini, S. 118.
[32] Greenfeld, Puccini, S. 172.
[33] Ebd., S. 192.
[34] Adami, Puccini, S. 142.
[35] Greenfeld, Puccini, S. 217.
[36] Ebd., S. 229.
[37] Ebd., S. 233.
[38] Ebd., S. 251.
[39] Ebd., S. 253.
[40] Wolfgang Marggraf: Giacomo Puccini. Wilhelmshaven 1979, S. 154.
[41] Adami, Puccini, S. 207.
[42] Greenfeld, Puccini, S. 265.
[43] Ebd., S. 266.
[44] Ebd., S. 277.
[45] Adami, Puccini, S. 202.

Die Werke in Einzeldarstellungen

[1] Howard Greenfeld: Puccini. Sein Leben und seine Welt. Königstein i. Ts. 1982, S. 58.
[2] Giuseppe Adami: Puccini. Ein Musikerleben. Mailand 1935, S. 113.
[3] Adolf Weissmann: Giacomo Puccini. München 1922, S. 65.
[4] Adami, Puccini, S. 31.
[5] Greenfeld, Puccini, S. 218.
[6] Adami, Puccini, S. 142.

Die Werke und ihre Aufführungsgeschichte

[1] Giuseppe Adami: Puccini. Ein Musikerleben. Mailand 1935, S. 34.
[2] Howard Greenfeld: Puccini. Sein Leben und seine Welt. Königstein i. Ts. 1982, S. 54.
[3] Ebd., S. 76.
[4] Adami, Puccini, S. 49.

[5] Greenfeld, Puccini, S. 273.

[6] E.N.I.T., Staatliches Italienisches Fremdenverkehrsamt (Hg.): Die italienische Oper. Rom 1963, S. 55.

[7] Rudolf Bing: 5000 Abende in der Oper. München 1975, S. 137.

[8] Greenfeld, Puccini, S. 106.

[9] Ebd., S. 112.

[10] Ebd., S. 112.

[11] Ebd., S. 261.

[12] Rolf Liebermann: Opernjahre. München 1979, S. 257.

[13] Ludwig F. Schiedermair: Die Oper. München 1979, S. 305.

[14] Greenfeld, Puccini, S. 150.

[15] Ebd., S. 151.

[16] Schiedermair, Die Oper, S. 308.

[17] Greenfeld, Puccini, S. 223.

[18] Ebd., S. 237.

[19] Ebd., S. 255.

[20] Schiedermair, Oper, S. 312.

Literaturverzeichnis

Giuseppe Adami: Puccini. Ein Musikerleben. Mailand 1935

Rudolf Bing: 5000 Abende in der Oper. München 1975

Carl Dahlhaus und Hans Heinrich Eggebrecht (Hg.): Brockhaus Riemann Musiklexikon. 2 Bde., Wiesbaden und Mainz 1979

Karl Gustav Fellerer: Giacomo Puccini. Potsdam 1937

Howard Greenfeld: Puccini. Sein Leben und seine Welt. Königstein i. Ts. 1982

Julius Kapp: Das Opernbuch. Leipzig 1922

Brigitte Regler-Bellinger, Wolfgang Schenck und Hans Winking: Knaurs Großer Opernführer. München 1983

Rolf Liebermann: Opernjahre. München 1976.

Wolfgang Marggraf: Giacomo Puccini. Wilhelmshaven 1979

Ludwig F. Schiedermair: Die Oper. München 1979

E.N.I.T. Staatliches Italienisches Fremdenverkehrsamt (Hg.): Die italienische Oper. Rom 1963

Werner Stein: Der große Kulturfahrplan. München und Berlin 1976

Adolf Weissmann: Giacomo Puccini. München 1922

Bildnachweis

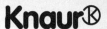

Taschenbücher

Rienzi * Der Fliegende Holländer
Tannhäuser * Lohengrin * Tristan
und Isolde * Die Meistersinger
Der Ring des Nibelungen * Parsifal

Band 3739
160 Seiten
mit zahlreichen
Abbildungen
ISBN 3-426-03739-4

Geliebt und gehaßt, bewundert und geschmäht, immer umstritten: das war Richard Wagner zeit seines Lebens und ist es geblieben bis zum heutigen Tag. Selbst ein Jahrhundert nach seinem Tod hält die Auseinandersetzung um seine faszinierende Gestalt an – um seine Opern und Musikdramen wie um sein Leben und Denken. Beides gehört zusammen, bei Wagner mehr als bei den meisten anderen Komponisten. Kaum einer hat sich im Hinblick auf sein Werk so intensiv mit sich selbst beschäftigt wie er. Deshalb versucht die vorliegende Einführung in Wagners Bühnenwerke ihr Ziel auf verschiedene Weise zu erreichen: durch eine allgemeinverständliche inhaltliche Darstellung der Stoffe, der Entstehungsgeschichte und der Daten ihres historischen Umfelds.

Taschenbücher

Band 2318
352 Seiten
mit zahlreichen
Abbildungen
ISBN 3-426-02318-0

Gustaf Gründgens war zweifellos die schillerndste Figur
des deutschen Theaters in diesem Jahrhundert. Gefeiert
und über den Tod hinaus geehrt wegen seiner kompromiß-
los genialen Theaterarbeit, ist seine Rolle im Dritten Reich
selbst unter seinen Bewunderern noch heute umstritten.
Unvergeßlich geblieben sind Gründgens' Rolleninterpreta-
tionen zwielichtiger Charaktere wie Franz Moor und Ham-
let, vor allem aber sein Mephisto. Sie setzten Maßstäbe, die
bis heute unerreicht sind. Über den anderen Gründgens,
den Artisten auf dem politischen Drahtseil, wird wieder
gerätselt und, oft abenteuerlich, spekuliert, seit anläßlich
seines 80. Geburtstags Klaus Manns »Roman einer Karriere« aus dem Jahr 1936 wiederveröffentlicht wurde.

Biographie

Knaur®

Taschenbücher

Band 2317
432 Seiten
mit zahlreichen
Abbildungen
ISBN 3-426-02317-2

Als Boleslaw Barlog die Generalintendanz des Schiller-Theaters, des Schloßpark-Theaters und der Schiller-Theater-Werkstatt übernimmt, gehört es zu seinen dringendsten Anliegen, das Vakuum, das das Dritte Reich nicht nur im Berliner Kulturleben hinterlassen hat, wieder aufzufüllen. Binnen kurzem macht Barlog sein Publikum mit der Entwicklung der internationalen Dramenliteratur vertraut. Er liebt das moderne Theater, wenn auch nicht das modernistische. Seinen Schauspielern und Regisseuren aus jenen Tagen gedenkt Barlog in liebevollen Porträts: Bertolt Brecht, Gustaf Gründgens, Fritz Kortner, Martin Held und viele andere, deren Namen unvergessen sind.

Biographie

Taschenbücher

Band 2315
336 Seiten
mit zahlreichen
Abbildungen
ISBN 3-426-02315-6

Es begann wie im Märchen vom häßlichen Entlein: Die
junge Cecilia Sophia Anna Maria Kalegoropoulos war ein
dickliches, nicht besonders hübsches und recht unbehol-
fenes Mädchen. Doch sie hatte ein Geheimnis – ihre
Stimme – und dazu einen eisernen Willen. Mit der Offen-
barung eines großen Temperaments und einer persönli-
chen und künstlerischen Präsenz sondergleichen wurde
aus dem scheinbaren Mauerblümchen der gefeierte
Opernstar und Mittelpunkt der internationalen Musik-
szene. Aus dem Mädchen mit dem langen Namen wurde
kurz »die Callas«.

Biographie

Knaur

Taschenbücher

Egon Cäsar Conte Corti

Ludwig I. von Bayern

Mit zahlreichen Abbildungen

Band 2301
352 Seiten
mit zahlreichen
Abbildungen
ISBN 3-426-02301-6

1825 wurde Ludwig I. König von Bayern. Bis heute lebendig geblieben ist er vor allem als Musenfürst und als Förderer der Künste. Er machte aus München »eine Stadt, die man gesehen haben mußte«. Hervorragende Künstler wie Klenze, Gärtner, Schwanthaler und Cornelius standen in seinen Diensten und haben die weitreichenden Pläne, die Ludwig vielfach schon als Kronprinz während seiner frühen Aufenthalte in Italien gefaßt hatte, ins Werk gesetzt.
Ludwig I. – ein weltoffener, volkstümlicher König – geriet im Revolutionsjahr 1848 durch die Machtgelüste seiner Vertrauten Lola Montez in eine Kabinettskrise. Noch im gleichen Jahr legte er die Krone nieder.

Biographie

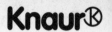

Taschenbücher

Band 2303
336 Seiten
mit zahlreichen
Abbildungen
ISBN 3-426-02303-2

»Es ist nicht ihre Schuld, daß sie häßlich ist, aber es ist ihre
Schuld, daß sie eine Intrigantin ist.« Dieses vernichtende
Urteil stammt von Napoleon Bonaparte. Für einen ver-
wöhnten Frauenhelden wie ihn hatte eine Frau eben nur
schön zu sein, sich aber nicht in Männerangelegenheiten
wie etwa die Politik einzumischen. Germaine de Staël war
selbstkritisch genug, um zu sehen, daß sie mit äußeren
Reizen nicht allzu verschwenderisch ausgestattet war;
aber sie verfügte über einen scharfen Verstand, und sie
nutzte ihn. Ihre Emanzipation aber erschöpfte sich nicht in
der Nachahmung des Mannes; zur Durchsetzung ihrer
Ideen setzte sie gleichermaßen ihren männlichen Verstand wie ihre ganze Weiblichkeit ein.

Biographie

Knaur®

Taschenbücher

Band 2310
128 Seiten
mit zahlreichen
Abbildungen
ISBN 3-426-02310-5

Selten war ein geschichtliches Drama so mit persönlicher Leidenschaft verknüpft: Horatio Admiral Nelson, einer der größten Helden Englands, dessen Ruhm sich mit jeder Seeschlacht steigert, der den endgültigen Sieg gegen Napoleons Flotte schließlich mit dem Leben bezahlt – und zugleich auch der seinen Gefühlen erlegene Liebhaber von Emma, der Frau eines anderen. Zwei leidenschaftliche Kämpfe durchziehen und bestimmen sein Leben: der glorreiche Feldzug für seine Nation und der von Heimlichkeit und Pein umdüsterte Kampf eines Herzens, das wider alle Regel von Vernunft und Gesellschaft nicht entsagen will.

Biographie

Taschenbücher

Band 2312
288 Seiten
mit zahlreichen
Abbildungen
ISBN 3-426-02312-1

Napoleon war siebenunddreißig Jahre alt, als er im Januar
1807 in Warschau die schöne Gräfin Maria Walewska kennenlernte und sich in sie verliebte. Sie war kaum zwanzig,
unerfahren im Leben und in der Liebe und mit einem pol-
nischen Aristokraten verheiratet, der fünfzig Jahre älter
war als sie. Napoleon, der triumphale Eroberer Europas,
war der Inbegriff der Romantik, der mit einem Schlag
Polens Unabhängigkeit wiederherstellen würde. Das polnische Volk und die polnische Aristokratie begrüßten ihn
mit Pomp und Feierlichkeiten. Der Höhepunkt war ein
Empfang im königlichen Palast. Im großen Salon stand er
Maria zum erstenmal gegenüber und verfolgte sie von
diesem Augenblick an mit der ganzen Begeisterung und
Entschlossenheit, die sein Schicksal antrieben.